3年で7億稼いだ僕が
メールを返信しない理由

自由とお金を引き寄せるこれからの人づきあい

小玉 歩

GENTOSHA

JN239024

まえがき

私は10通のうち8通のメールは無視します

「メールに返信しないなんてなにごとだ！　いただいたメールには必ず返信しないと相手に失礼だろう！」

常識人のあなたは、私の言葉に対してそう思ったかもしれません。しかし、もし一瞬でもそう思ってしまったとしたら、かなりの危険信号です。なぜなら、あなたも気づかないうちに、その間違った常識が**あなたの成功を妨げている可能性が非常に高い**からです。

私は、かなりの割合でメールを返信しませんし、携帯の着信に気づいても出ないことや、折り返しすらしないことも多々あります。

そんなことをしていたら、周りの人から嫌われて大変なんじゃないかと思いますか？

実は、まったくそんなことはありません。むしろ世の中のほとんどの常識人よりも、圧倒的に自由で、精神的にも経済的にも充実した毎日を送ることができています。

副業で1億円稼いで自由な生活を手に入れた秘訣を明らかにします

こんにちは。小玉歩です。

まずは、たくさんの本の中から本書を手に取っていただきありがとうございます。

私もつい3年ほど前までは平凡なサラリーマンだったのですが、副業で年収1億円になったことをきっかけに、会社を辞め、今では自由な生活をしています。

この3年間で稼いだ金額はおよそ7億円。デジタルコンテンツ販売からお酒の通販、美容皮膚科のコンサルティング、美容室の集客支援、日本一のスイーツ口コミサイトの運営など、インターネットを活用したビジネスを中心に展開しています。

今でこそビジネスの面でもプライベートの面でも充実した毎日を送っていますが、サラリーマン時代はごくごく普通でした。あなたと同じように、毎朝眠い目をこすりながら満員電車に揺られて会社へ出勤し、帰りはクタクタで立ちながら居眠りをするような毎日を送っていたのです。そして、自由なお金もなく漠然とした不安を抱えている。そんな本当にどこにでもいるサラリーマンだったと思います。

では、メールの8割を黙殺する、世間一般的には〝非常識〟なはずの私が、なぜ今やこんなにも充実した人生を送れているのでしょうか？

その秘訣こそがこの非常識な「人づきあい」にあります。

本書では私が実践してきた「人づきあい」について、一切包み隠すことなく真実だけを書きました。結果、これまでに世の中にあった「キレイごと」だらけの人づきあい本とはまったく違う内容になったのです。

ですので、もし**あなたが大事にしている「人づきあい本」があったとしたら、本書はそれらとはあまりにもかけ離れた内容なので混乱してしまう**かもしれません。場合によっては、これまでの価値観が崩壊してしまうこともあるでしょう。

ただ、私はまぎれもない真実をお伝えしています。

その真実を受け入れられるという方だけ、この先を読み進めてください。

これまでの「人づきあいの常識」こそストレスの原因

人間が生きていくうえでは当然のこと、ビジネスなどさまざまなシーンで「人づきあい」というものが重要視されます。そのためか、書店のビジネス書コーナーではいつでも人間関係に関する本がたくさん並べられています。

実は、私もこれまでいろいろな人とうまくやっていこうと、あらゆる「人づきあい」に関する書籍を手にしてきました。

「自分が好かれるためにはどうしたらいいか?」
「苦手な知人とうまくつきあうにはどうしたらいいか?」
「嫌な上司と仲良くやっていくにはどうしたらいいか?」

こういったさまざまなテクニックが、世にある人づきあい本には書かれています。
実際に私も書籍を読んでテクニックを実践したところ、表向き「人づきあい」がうまくいっているように感じられたときもありました。

しかし、表面的な「うまくいっている雰囲気」とは裏腹に、**心の奥底には「ストレス」がたまり続けていた**のです。そうやって、必死に「うまくやろう、うまくやろう」と考え行動し続けた結果、ある日とうとう私のストレスが頂点に達してしまいました。そこで起きたのが、「飲み会ビールぶちまけ事件」です。

この詳細は本文で詳しく書いていますが、結果として私がとった行動とは、とことん「人づきあい」を「切る」ということでした。

「人づきあい」を「切る」ことがあなたを成功へ近づける

「人づきあいをよくしようとしているのに、切るとはどういうことだ？」とあなたは考えるかもしれません。

しかし私は、ストレスが頂点に達したときに気づいたのです。

現代社会において、いかに「余計な人づきあい」が多いかということ。

そして、実はそれが私たちの人生から「本当の幸せ」を奪っているということ。

「切る」ということを考えて行動した結果、私の人生は大きく好転しました。

無理に人づきあいをしなくてよくなったのでストレスフリーになったうえ、仕事もどんどんうまくいくようになりました。

会社員として働いていた時代は、人づきあいに割いていた時間をスキルアップのために費やすことができ、100億を超える営業成績で社長賞をもらったり、花形部署に異動になったりしました。また、その頃に始めたインターネットビジネスの副業が軌道に乗り、独立して会社を立ち上げ、一国一城の主として、自分の好きな仕事を好きな時間に行なえるようになりました。

なにより、「切る」ことを徹底した結果として、**人生で本当に大事な仲間との関係が、逆により強くなっていった**のです。

さらに、そうした核となる関係をしっかり築けたおかげで、ビジネス上の先輩たちが次から次へと私をさらなる成功へ引っ張り上げてくれました。

そうして今では「自由」と「お金」と「本当に大事な仲間」を手にすることができました。あの日、私が人づきあいの考え方を180度変えたことによって、何もかもが変わっていったのです。

表面を取り繕うだけの「人づきあい」は、もう切ってしまおう

断言しましょう。

これまでの人づきあい本に書かれていたことは、表面を取り繕《つくろ》うだけであり、本当の幸せを手にすることはできません。なんとなく自分をよく見せて、我慢して毎日を過ごすことにしかならないのです。

そこで、これまで私が実践してきて幸せを掴《つか》んだ「これからの人づきあい」についてお伝えしたいと思います。

本書は4章構成で執筆しました。

第1章は「人生を奪う不要な人間関係を切る19のリスト」という内容をまとめています。

私が人づきあいについての考えを変えて日々の生活を見直したところ、断ち切るべき関係が明らかになりました。それを19のリストとしてまとめ、一つひとつ説明しています。

第2章は「いらない人づきあいは人生の質を落とす」という内容です。

私が「人づきあい」を「切る」という選択をした理由、そしてなぜそれが人生を好転させたのかという裏付けを説明いたします。これをお読みいただければ、第1章の内容が完全に腑に落ちるでしょう。


第3章は「あなたの大事な人はどこにいる?」という内容です。

「人づきあい」を「切る」と言っても、なにごとも自分ひとりでは成し遂げることができません。仲間の協力が不可欠です。では、現代の複雑な人間関係においてこういった仲間はどこにいるのか？　これをお伝えしています。


第4章は「大切な人に出会うためのアクションプラン」という内容です。

私は年収が1億円に達するまでに、多くの出会いに恵まれました。自分を支えてくれる仲間や、成功に引き上げてくれる先輩との出会いです。しかし、これらは自分からアプローチしたのではなく引き寄せられるようにやってくるものなのです。では、どうしたらこういった出会いが得られるのか？　その手順を、アクションプランとしてまとめています。

本書の内容はこれまで誰も書いていないことが多く、刺激的に感じることも多いでしょう。しかし、**時代が変化するとその変化に引っ張られ、あらゆるものごとが変わっていく**のです。

それは「人づきあい」に関しても同様です。これまでの「人づきあい」の考え方が通用しなくなっているのです。

本書を読んでいただき、実践することであなたの人生は間違いなく好転します。

大切な人と充実した時間を過ごし、幸せな人生を送るための「これからの人づきあい」をぜひ考えてみてください。

3年で7億稼いだ僕がメールを返信しない理由　目次

第1章

人生を奪う不要な人間関係を切る19のリスト

第2章 いらない人づきあいは人生の質を落とす

第3章 あなたの大事な人はどこにいる？

1 本当の仲間はどうやって見つけるのか？

第4章

大切な人に出会うためのアクションプラン

第1章

人生を奪う
不要な人間関係を切る
19のリスト

iPhoneデータ消失事件

この原稿を書いている数週間前、私はiPhoneの知人アドレスデータをすべて消失してしまう、という「事件」に見舞われました。携帯端末を最新機種に買い替えて、以前の端末からデータを移行する際、うっかりミスをしてしまったのです。

瞬間、私は青ざめました。

連絡先のデータはたぶん1000件は入っていたと思います。

ただ、サラリーマン時代の知人など、疎遠《そえん》になっている人のデータは正直どうでもいい。気になったのは、この2年間くらいの間に追加されたデータです。今の私のビジネスの基礎をつくっている期間に出会った方、一緒に仕事をした方の連絡先もすべて吹っ飛びました。

「これはヤバイ。困ったぞ……」

翌日も翌々日もアポイントがあるのに、場所や時間の連絡をどうしたらよいのか。

一瞬どっと冷や汗をかいた私でしたが……。

意外なことに、私が恐れたような困ったことは、ほぼ起こりませんでした。

インターネットの発達で、携帯電話がなくても知人と簡単に繫《つな》がることができる時代です。私は早速SNS内に投稿し「携帯が使えないので知人の方はSNS内で電話番号やメールアドレスを教えてください」と依頼しました。

ありがたいことに、直近の打ち合わせ相手の方々は、先方から電話連絡がありました。

意外だったのが、SNSに連絡メールがあまり来なかったことです。確かに、最低限SNS内の繫がりが保たれているので、慌てて連絡先を送る必要もないと言えばないのです。

インターネットの発達は、ホントに便利なものですね。

結局、携帯端末のデータが吹っ飛んだにもかかわらず、私は1ミリの支障もなく仕事を進め、目立ったトラブルや不利益はほぼなんにもありませんでした。強《し》いて言えば、知人からの電話に名前表示が出ないので「もしもし、えーと、あなたは誰ですか?」と、いちいち聞かなければならないのが煩《わずら》わしかったくらいです。

2週間ほどでSNSのメアド連絡もなくなり、私は何不自由のない生活に戻りました。

その時点で、私の新しい携帯端末に補充回復された連絡先のデータ数は、結局何人分だったと思いますか?

ずばり、17人です。

私は、運営している会社で年収1億を稼ぎ、2012年秋には初の著書を出版、ベストセラーとなった後、さらに多方面で事業を展開している起業家です。会社に出社すれば繋がりが保てる人間関係で仕事をしているわけではありません。さまざまな人と一対一で密接な繋がりを保っているからこそ、仕事も会社経営も成り立っていたはず……。

ところが、ビジネスを一緒に進めたり、プライベートで遊んだり、密に繋がっていたいと思う人たちの数は、わずか17人しかいませんでした。

本来、多忙なはずの私が連絡を必要としている人間は、小学校の学級人数にも満たない数だったのです。

この数字は、自分でもかなり予想外。と同時に、私はこうも思ってしまいました。

携帯データに入っていた残りの900人以上の方は、いったいなんだったのだろう？と。

おそらくあなたの携帯端末フォルダの中にも、1000件近いデータが入っているのではないでしょうか。

普通に働いて生活しているだけで、自然にたまっていく友人・知人の数々。

ところが**実際には、そのほとんどが連絡をとることもなく、あなたにとって今後も関わりのない人たち**なのです。長い人生の中で見れば、ほんの数秒、道ですれ違った程度の縁でしょう。

お持ちの携帯端末を閉じ、目をつぶって考えてください。あなたの携帯フォルダに入っている友人・知人のうち、パッとあなたが思い浮かべられる人は何人いますか？

意外と、浮かんでこないのではないでしょうか。

人間関係の整理はパワーの源に

お部屋の片づけや整理術が、数年前からブームになっています。

いらないモノを整理して捨て去ることで、心が研ぎ澄まされ幸福な人生を手に入れた、という方がたくさんいるようです。

でも、先にあげた事件をきっかけに、私は気がつきました。実はもっともっと大切で、**人生に劇的な効能をもたらすのは、モノではなく「人間関係の片づけ＝整理術」**なのです。

人づきあいや人間関係に無自覚でいると、雑多すぎるつきあいの数々で日常を塗り潰《つぶ》され、本当に大事なものが見えなくなる危険があります。

創造的に自分らしい人生を生きるのに、不要な人間関係ははっきり言って雑音にしかなりません。貴重な時間を損なうばかりでなく、感性のアンテナや判断基準、あなたのビジョンすらも鈍らせてしまうのです。

人づきあいをシンプルにして、本当に自分らしいことをやれば、あなたは最短で自由になれます。もっとも好きなことをやりながら、効率よく仕事をし、自由に生きていくことができるのです。

自分らしく生きる人は、人とのつきあい方もオリジナルの流儀があります。完全にマイペースで自分中心の行動がとれている、心がタフな人たちが多いのです。

私の会社員時代をふり返っても、周りに気を配り人間関係にふり回されているタイプの人は、出世してもせいぜい課長どまり。もっと上に行く人は、自己中心的な部分を強く持ち、自分にとって「核」となる関係だけを大事にしている人が多かったと感じます。

私は、大企業に7年間在籍していました。その間、周りのペースに合わせることをできる限り拒否し続けたので、ある意味でもっとも浮いた社員でした。けれど同時に、だからこそ業績をあげることができ、退職した今も自分の力でビジネスを起こせているのだと思っています。

そこで、私の会社員時代の行動原理を「不要な人間関係を切る19のリスト」としてまとめました。

これを真似て実行するだけで、確実にあなたは「自分の人生」を取り戻すことができます。そのうえ、最良で深みのある人間関係だけを手に入れることができるのです。

さあ、勇気を出していらない関係を切り始めましょう。

01

「いい人」になるな

人から好かれるためには、すすんで親切にしよう。相手の望みをできるだけ叶《かな》えてあげよう。こんな表面上の優しさをふりまいて生きる人を「いい人」と呼びます。

もしあなたが、嫌われるのが怖いので、自分を殺してまでも頼まれごとは必ず聞き、誰に対しても常に笑顔で接しようと無意識に努力するようなタイプならば、危険信号です。

確かに「よく気がつく」とか「優しい」と言われると、認められた気分になります。とりあえずは相手にとって便利で有益な存在になることもできるでしょう。

しかしそれは、相手に好かれるために意図的につくり上げた仮の姿。ですから好かれて当たり前なのです。ただし、自分の本当のキャラクターとは違うので、だんだんと演じ続けるのが苦しくなってきます。

相手も「いい人」であるあなたの虚像を気に入っているので、いつか何かの拍子に「素《す》」の一面を見たときに、そのギャップにびっくりしてしまうかもしれません。

虚像の自分を好いてくれている相手に対して、一生そのまま「いい人」を演じ続けるつもりですか？　私は、**素の自分をさらけ出し、ときには相手にとって都合の悪いことを言ったりしても「お前がいい」「お前が好きだ」と言ってくれる関係を大事に育てていくべき**では、と思うのです。

02

空気は、あえて読まない

会社で周りに気を遣《つか》っている限り、あなたは不要な人間関係を切ることができません。周囲の人間に気を遣い、気に入られたいと考えるのは、現状に甘んじていたいという気持ちの裏返し。組織への完全な従属を意味し、自分らしい生き方からはほど遠くなります。

自分らしく生きたいのなら、むしろ「あいつ、気の利《き》かないヤツだよな……」と言われるくらいズボラでマイペースな人間だと思われたほうが、あとあと楽です。

そもそも周りの人たちがあなたにとって魅力的な存在なら、**自然にその関係を大事にしようという気持ちが生まれ、無理なく心地のいいコミュニケーションがとれる**はず。好感を持ってもいない人たちの気持ちに先回りして振る舞ったところで、何の得もありません。

「よく気がつく人」という評価をされると、かえって都合のいいように使われるだけ。あいつは気配りができるから、と宴会の幹事を依頼されたり、集まりのまとめ役を押し付けられたりするただの「便利な人」に成り下がります。

さらに、いつも人の顔色をうかがい、要望に合わせた行動をしていると、容易に従わせやすい人間とも思われて、いろんな人に利用されてしまいます。

あなたの人生は一分一秒があなたのもの。常にその場の空気を読み、したくないことをしながら他人の顔色をうかがって生きていくなんて、決して楽しい毎日とは言えません。

03

陰口はむしろ喜べ

上司の評価、先輩や同僚の目を気にしながら生きるのは、とてもつまらないこと。批判や注意を受けたからといって凹《へこ》んでいるうちは、あなたの人生は「他者基準」にとらわれていることになります。他者基準で生きていると、どこに行っても周りの人間の評価に合わせて自分を変えなければならないので、自分の軸が定まらず疲れてしまいます。

そもそも誹謗《ひぼう》や中傷が起こる原因は、妬《ねた》みや反感であることが多いのです。たいていの人は、自分と同等だと思っていた人が自分より上のステージに行くのを見ると、やっかみのあまり、悪口や批判を言い出すもの。取り残される不安感から、嫉妬の対象であるあなたをおとしめて、自分を防御しようというメカニズムが働くのです。

だから陰口をたたかれるというのは、むしろあなたが進歩している証拠。

それに、大切なのは自分が自分をどう評価しているか。「自己基準」を持って自分に正直に振る舞い、納得した行動や発言をしていれば、人の発言に動揺することもありません。

その場の快、不快だけにとらわれるから、他人の評価が気になるのです。長い目で見れば、**自分本位で生きている人のほうが絶対に幸福感が大きく、心も爽快**です。

自分がいつも言いたいことを言っていれば、他人にも言わせておけ、という気持ちでいられます。陰口をたたくのは、ある意味で可哀想な人たちなのですから。

04

急な「頼まれ仕事」は断る

仕事は目標・計画を持って日々進めるもの。だから「ええ格好」をして自分の許容範囲**以上の仕事は引き受けないこと**。そう心に決めないと、自分の時間なんてつくれません。

突発的に発生する余計な仕事は、ほぼ100パーセント頼みやすい人にふられてしまうもの。「その人しかできない」仕事なんて、まず滅多にありません。目が合ったとか、いつも引き受けてくれる人に頼むだけ。それを上司は「適任者は君しかいないんだよ」などと理由をつけてきます。しかもほとんどが誰でもできるような雑用で、スキルアップする要素もまったくゼロ。そんな「頼まれ仕事」を引き受けることほど損なことはありません。

細かい仕事を10個やらされて多忙になるよりも、価値の高い仕事を5個きっちりとこなすほうが、自分にとって得られるものも大きく、時間も奪われません。

私は隙あらば早く退社して、夕方以降の時間をたっぷりと自分のために使っていました。早く帰れるように、効率アップのためのスキルも自然と身につけました。

残念ながら、日本の会社組織の行動原理は小中学校の延長で、体育会系のノリが基本。決して合理的でも民主的でもなく、ひどいときには軍隊並みに上意下達の仕組みです。しかも、上からの指示におとなしく従っていても、「使いやすい部下」という評価が与えられるだけ。成長することもできないそんなポジションで、甘んじて過ごしていいのですか？

05

早朝出勤、残業はやめろ

サービスの早朝出勤や残業が当たり前で、義務のようになっている会社がありますが、悪《あ》しき習慣としか言いようがありません。

勤務時間が9時からならば、9時に仕事をスタートできればいい。もちろん電車の遅延など不測の事態に備えて10分くらい前に出社するのは、人として普通のこと。そうではなく暗黙のルールとして「営業部は全員8時出社」などと取り決め、それを守らないと居心地が悪くなるというような会社は、大いに問題があります。

当然、私は残業も否定派です。時間外勤務でしていることといえば、報告書や日報書き、経費の精算など、ほとんど「仕事のための仕事」。雑務に時間を食い潰しているだけです。

上層部が、時間さえかければ業績があがると思っているとしたら、まったくの的外れ。かえって社員のモチベーションを下げてしまいます。極端に言えば、会社の仕事の8割は実はたいした内容ではない。利益に直結する大事な業務は全体の2割程度で、それをどうやるかが問題です。そもそも定時以外に社内に人がいれば、光熱費も余計にかかります。

私の経験では、会社にきちんと「利」をもたらしている社員ならば、早出・残業などしなくても、とやかく言われることはまずありません。会社ぐるみで**時間だけを浪費して「仕事をやった」気になっているなんて、あまりにも愚か**なことです。

06

退社するときには挨拶《あいさつ》しない

社会人として礼儀正しいマナーを持っている人には違和感があるかもしれませんが、退社するときに帰りの挨拶はしないほうがいい、と私は考えます。

理由は**無用の残業をできるだけ避ける**ため、と言ったら納得してもらえますか？

もちろん自分の仕事が終われば、さっさと帰宅して構わないはずです。しかし現実にほとんどの同僚が残っている社内で「お先に失礼します！」と、大声では言いにくい方も多いでしょう。さらに上司が在席ならばもっと帰りにくい、というのもよく聞く話。

そもそも、礼儀正しく「お疲れ様でした」と挨拶すると、『自分の仕事は終わりました』とわざわざ表明することになり、言った途端に上司に呼び止められ「小玉、ちょっとこれ頼みたい」ということにもなりかねません。

それならいっそ、トイレに立つふりをしてそのまま帰ってしまうくらいのさりげない退社のしかたがスマートです。

「あいつ、いつ帰ったんだ？」という話になるかもしれませんが、やるべきことをきちんとやったうえでの退社であれば、さほど大事にはなりません。

何度かくり返すうちに、「あいつはそんなヤツだから」と、絶対に残業をしない人というブランドが認識されるようになります。そうなれば、しめたものです。

07

会社から一歩出たら、仕事のことは忘れろ

タイムカードを押し一歩会社を出たら、会社員のスイッチは完全にオフにしましょう。

私は、帰りの電車に乗った瞬間に携帯の電源を切るようにしていました。そして夜の22時頃になるとおもむろにオンするのです。

会社員の中には、パソコンにごっそりと仕事を入れて自宅に持ち帰る人がいます。さらに行きと帰りの通勤時間も仕事のことを考え、とにかく四六時中仕事や会社のことが頭から離れなくなっている、という人も多いでしょう。

でも、あなたにとって重大事に思える**会社も仕事も、広い世の中のほんの一部**です。

当たり前ですが、あなたの人生は会社の世界だけがすべてじゃありません。

会社内のつきあいはむしろ必要最低限の時間に収め、オフ時間には仕事と関係ない人たちと会い、まったく違う種類のコミュニティに入り、脳と体をフレッシュに保つべきです。

趣味、スポーツ、講座など、違う世界を持つことがあなたの人生を豊かにします。

多くの世界に触れていると、今の仕事を別の角度から見直すことができたり、抱えている問題に関して「こんな手がある！」と思わぬ閃《ひらめ》きを得られたり、という効用もあります。

プライベートな時間を犠牲にして仕事を頑張れば頑張るほど、会社の人間関係だけに塗り潰される人生になってしまいます。あなたは、本当にそれでいいのでしょうか？

08

愛想笑いとヨイショはするな

たとえば飲み会やお昼休みの雑談で、過去の仕事の自慢話や武勇伝をまことしやかに語る上司があなたの周りにいませんか？

中身は20年も前のバブル絶頂時の話で「銀座に俺の行きつけの店が何軒もあって」とか「○億円のビッグプロジェクトを動かして社内でブイブイ言わせていた」とか、今聞いても経済環境が違いすぎて、正直「ん？」という話ばかり。冷静に聞くとその上司がすごいわけでもなく、ただ時代的に好景気だから会社が潤《うるお》っていたというだけの話。

よほどその時代が懐かしいのか、事あるごとに何度も語るので、部下も内心うんざり。

こんなときに愛想笑いを浮かべたり、ヨイショをするのは、実はかなり危険な行為です。面白いと思っていないことに笑ったり相槌《あいづち》を打ったり、気持ちと違う行動をする。些細なことですが、日常的にこうしたことを続けていると、小さなストレスを積み重ね、気疲れをため込んでしまいます。さらに怖いことには、こうしたお追従《ついしょう》を何度もしていると、**自分の思ったことを正直に言えない癖がついてしまう**のです。

何も得るところのない自慢話や笑えない冗談につきあっている時間は、本当に無駄です。

場の雰囲気を壊さないようにとか、和を乱さないようにするためにこうした際に笑みを浮かべてしまうタイプの人は、要注意ですよ。

09

好きな人と行く以外、お酒の席は意味がない

会社の飲み会は、社員同士の団結や上司・部下の垣根を越えた懇親《こんしん》とチームワークをつくるため、という名目で開かれます。

無礼講《ぶれいこう》とか、夜の交渉とか言いますが、そもそもお酒が入らなければ腹を割って本音でものを言えないなんて、おかしな話です。

「建前」と「本音」という二段構えのコミュニケーション習慣は、もう今の日本でも支持を得られなくなっています。昼も夜も同じことを言える人こそ信頼されるのです。

仕事上の質問は勤務時間内にすればいいし、気の合う先輩や同僚とは個人的に食事に行けばいい。クールな言いようかもしれませんが、あなたは労働を対価とし会社と雇用契約を交わしているのですから、勤務時間外の宴会に出席する義務も本当はないのです。

また、上司に対して気を遣ってお酌《しゃく》をするなんていうのはもっての外。上司に媚《こ》びるのは、その会社内で誰よりもその上司に忠誠を尽くしますと言っているようなもの。自分の人生が会社に奪われてしまいます。

結論。会社の飲み会は、どうしても逃げ切れないとき以外はできる限り欠席を通す。これが、会社員の経験を経て得た私の考えです。社員旅行やレクリエーション等の行事も然《しか》りです。あなたも、**仕事の改善に繋がらない「おつきあい」に意味はない**と思いませんか？

10

部署単位でランチに行くな

私のいた企業では、勤めている部や課の単位で一緒にぞろぞろとお昼ご飯に出かける習慣がありました。これにも疑問を感じていたので、私はいつも単独で昼食に出かけていました。昼休みは、権利として与えられた休憩時間ですから、**個人に戻って有意義に過ごしたほうがリフレッシュできるし、仕事の効率も上がる**というものです。

ただでさえ朝からずっと顔を突き合わせている同僚たちと、休憩時間まで一緒に過ごしては、息苦しくなるばかり。さらに午後も長いのでお互いに飽き飽きですよね。大切な家族や恋人だって、そんなに長い時間、一緒にいることは珍しいのではないでしょうか。

同僚とのランチは、たいていは飲み会と一緒でおしゃべり好きな人間がバカ話をして、過ぎてしまいます。全員で同じ店に入るので、自分の食べたいものも選べません。平日の昼のうちに済ませたい私的なことも、こそこそとしかできないですよね。

惰性《だせい》でなんとなくみなと一緒の行動をしているのかもしれませんが、この時間の積み重ねは意外と大きいですよ。毎日1時間×月に22日間×12ヵ月。

なんと、年間264時間が、無駄なおつきあいに消えているという計算です。

なれ合いの人間関係は、実はこういった些細な「無駄時間」によって形づくられているような気がします。

11

メールの返信はしない

会社員時代、私のアドレスには、いらないメールが毎日200通くらい届いていました。大半は業務連絡と回覧事項ばかりで、この山のような業務メールをいちいち読んでいてはものすごい時間の浪費です。CCで来るメール等は当事者でないことが多いので、私はほとんど開封もしませんでした。

さらに不思議だったのは、同じフロア内にいる社員同士がメールで連絡をしていたこと。ちょっと首を伸ばせば顔が見える距離なのに……。これはもう不可思議なメール病ですね。

実際のところ、本当に必要なメールはごくわずか。私は、送受信データを残しておく必要があるもの以外、**電話で用件を伝える**ようにしていました。そのほうが仕事が早く終わるので、自分の時間をつくるのに役立つのです。

また社内の連絡では、返信する代わりに直接相手の席に行って用件を伝えることをよくやっていました。一見、時間のロスに思うかもしれませんが、そのほうがメール文にありがちな無駄な誤解も少なく、確実に考えを伝えられます。

さらに、直接会う機会を増やせば相手との距離が近くなるというメリットも。仲良くなっておけば、何かの頼みごとをするときにもスムーズです。私はあまり意識せずにやっていましたが、仕事を効率よく進めるには大いに役立ちます。

12

転勤命令はなるべく断れ

突然あなたにふりかかる、もっとも理不尽な会社の制度のひとつに転勤があります。

みなさんは、転勤・異動などの人事は、それぞれの能力や適性を真剣に考えて、適材適所に慎重に社員を配置しているものだと思っていませんか？

実は、こういう大げさな理由は滅多にありません。法則のない慣習やローテーションで、「あいつはすでに3年いるからな」とパズルのように社員を配置しているだけです。

そんな軽い理由で決められた転勤のせいで、大切な家族との幸せや今ある人間関係を、簡単に捨ててしまっていいのでしょうか。もしあなたが家族を守るため、その生活を守るために働いているのなら、ただの入替人事で転勤を言い渡され、愛する妻や子どもとバラバラに暮らすなんて、本末転倒だとは思いませんか。

転勤後の仕事内容やポストがよほど魅力的で、あなたのやりたいことが含まれているなら、考える余地もあります。今本当に手にしたいのが「家族やプライベートの幸福」なのか「会社の仕事でのキャリア」なのか、自分にしっかり問うて答えを出してください。

会社は大義名分を言って「あなたしかいない」と説得してくるかもしれませんが、たいていはいくらでも代役がいるものです。家族や自分の**幸せを阻害《そがい》する社命なら、そもそも従う必要なんてない**のでは、と私は考えます。

13

交流会・パーティには行くな

仕事に役立つ人脈を広げたい、という理由で異業種交流会などの集まりに参加している方がいます。

意欲は買いますが、これはほとんど意味がない。私の周りにいる仕事で大きな業績を出した方に聞いても、交流会でビジネスパートナーを見つけたという方は皆無です。

交流会などでは、名刺交換をしてその場限りの会話しかできません。数ヵ月後に名刺を見ても、どんな顔の人で、どんな会話をしたのかさえ覚えていない……ということがほとんど。これこそ、貴重な時間と労力の無駄使いです。

私の今までの経験では、**自分にとって価値のある出会いは、自分のほうの準備が整ったときにごく自然な形で現れるもの**で、こちらから探すものではありません。

それなりに世間から認知された大物は、こうしたパーティの場がそもそも嫌いという人も多いです。だから「こんな人と出会いたい」「こんな人と繋がりたい」と思い描くような人を交流会のような場所に求めても、それは宝くじを買うようなもの。万が一、素晴らしく魅力的な人が来ていたとしても、相手があなたを気に入ってくれる保証もありません。

結果、交流会であなたの手元に残るのは人生にまったく必要のない人の名刺の束だけ。得られるのは、保険の営業マンからの勧誘電話だけだったりします。

14

知り合いを増やすな

前項でも書いたように、たくさんの新しい人と会話したところであなたにとって価値のある繋がりは、なかなか生まれません。

「数と広さ」を追う人間関係は、むしろあなたの感性を鈍くします。「あの人も、この人も」と**幅広くつきあうことは、やりたいことに集中するのを邪魔する**からです。

名刺ホルダーにある大量の名刺。携帯データの膨大《ぼうだい》なアドレス。

あなたは、ここ1年以内にその中のいったい何人に連絡しましたか?

関係を断つのがもったいない。美味《おい》しい話をもってきてくれるかも。失業したときに仕事を紹介してくれるかも。いつか役に立つ人かも。何かいいことあるかも……。

「もしかしたら」「いつか」と、くるかどうかもわからない幸運や不測の事態に備えて残しておこうとする人間関係は、あなたにとっていざというときの「人材保険」のようなものですか? それともあなたは人材の紹介業でもするつもりなのでしょうか。

「いつか着るかも」と箪笥《たんす》の奥にしまい込んだ洋服は、放っておくといつかカビが生えて着られなくなります。人間関係も同じこと。今のあなたに必要でない人を、たくさんストックして喜んでいたところで、何か意味がありますか?

時間とエネルギーの無駄にしかならないと、私は思いますが。

15

いらない関係は金を払ってでも切れ

最近、私はある会社と1年間の約束で業務提携をして、代金150万円を支払いました。全額前払いです。

しかし、始めてみると私が期待していた仕事の進め方とは、明らかすぎる食い違いがあったのです。非常にストレスを感じたのですが、話し合っても改善の余地がないと判断したので、さっさとあきらめてわずか数ヵ月で業務を終了してもらいました。

代金は1年分を支払ったままですが、これ以上このことに関わりすぎてモメたりすることにでもなれば、そのこと自体が時間の無駄だと思ったので、そのまま放置しました。

これは少し極端な例かもしれませんが、**良い影響を受けない関係になった人間とは、あまり深く悩まずに交流をスパッと断ってしまう**のが私のやり方です。解決のために多少のお金を損することになっても、それは勉強料としてあきらめればいいと思っています。

もったいない、という声も聞こえそうですが、不要なものを処分するときにはお金がかかるもの。粗大ゴミの有料廃棄と一緒です。ストレスを感じる人間とつきあっても、百害あって一利なし。関わることのストレスをなくし、自分の時間を取り戻せば、再び目標に向かうことができます。支払うお金の価値よりも、余計なことにエネルギーを使わず、やりたいことをスムーズにやっていくほうがずっと大事と私は考えます。

16

つきあいの結婚披露宴は欠席で

知人から結婚披露宴の招待状が届き、「えっ、なんで自分が呼ばれるの？」と思ったことはありませんか？

披露宴などは会場のサイズの問題で、頭数を合わせるために招待されることがけっこうあります。それにつきあっていちいち出席するのは、バカバカしいこと。

ちなみに私の弟は、仕事柄つきあいが多いらしく、昨年は結婚式のご祝儀だけで50万円も使う羽目になったといいます。

また、結婚式とセットで出席となると休日がまるまる一日潰れますよね。お金ばかりではなく、貴重な時間も消費してしまいます。

心からお祝いしたいと思う新郎新婦以外の場合は、丁重にお断りしましょう。それによって、その後の人間関係にヒビが入ることなどはまずありません。

本当のところ、あまり乗り気ではなく渋々しかたなく……という人が出席することなんて、相手も望んでいないはず。

せっかく人生の門出を祝う晴れの席に、祝福の気持ちが薄く「面倒臭いな」「お金かかったな……」と内心苦痛を感じている人がいては、**かえって相手に失礼**ではないでしょうか？

17

「会社員」という枠に縛られるな

あなたが会社員なら、外見や身だしなみのルールをあえて破ってみるのも、周囲に流されない自分になるトレーニングとして、いいかもしれません。

スーツは黒、指輪はだめ、Yシャツは白……等々。会社によっていろいろな規則がありますが、仕事内容や顧客に与える印象などTPOを考えると、相応《ふさわ》しい格好は自然にわかるはず。それを自分で考えられない社員のために会社でルールを決めているわけです。

でもほとんどの人はスーツを着て出社する目的を忘れ、なんとなく惰性で従っています。これは、ルールを守ることが仕事になってしまった悪しき例。

元伊勢丹バイヤーで、福助を再生させたことで有名な藤巻幸大さんは、会社でも自分のスタイルを貫き通したことが知られています。当時の百貨店では考えられなかったヒゲと坊主頭を自分の定番スタイルとして変えず、一種の個人ブランドにまで高めました。

もちろんこれは、仕事で結果をちゃんと出せるという自信があるからできること。

大切なのは**ルールや常識に縛られず、行動の一つひとつの意味を考えて、自分が主体的に決める**ことです。仕事ぶりに自分の信念と自信があれば、本筋以外のことで会社がおしつけた既成の枠なんて、はみ出しても臆《おく》することはありません。ときには計算ずくでルールを破る勇気があってもいいのではないでしょうか？

18

進んで和を乱す人間になれ

私は大学時代の就職活動のとき、ある上場会社の面接試験を受けました。「あなたの欠点は何ですか？」と聞かれたので「仕事のできない人に合わせられないことだ」と答えたら、帰路30分も経《た》たないうちに不採用の電話がきました。「君のように和を乱すような人間がいては組織は成り立たない」と、採らない理由まで親切に言われた経験があります。

確かに私のような回答をする就活生はまずいないでしょう。よほど面接官の気分を害したのかもしれませんが、私にとっては素直に本音を伝えただけ。できない人間に合わせて自分まで失速していたら、営利を追い求める企業では、全体の損失です。今のキビしい市場環境で、そんな悠長なことを言える会社ってどうなの？　と首を傾《かし》げたくなります。

あのとき、面接官の気に入るようなことを言い、入社したとしても、その後周りに合わせてやっていくことは、まず難しかったと思います。本音の意見を述べることで、働く会社と社員のマッチングミスが起こらなかったので、本当によかったと思います。

周りとの衝突や軋轢《あつれき》を避け、面接官が言う「和」を優先したり、一時限りの利益を確保したり、事なかれ主義の発言や行動を選択する人が多すぎます。引きかえに長いこと**違和感や自己矛盾のストレスを抱えて生きるなんて、私にはとても気持ち悪いこと**です。

19

行き当たりバッタリの生き方をしろ

私は、幼い頃から32歳の現在まで、そのときどきで共感する人間とつきあってきました。束縛するのもされるのも嫌だから、人には過度な期待も執着もしません。家族を除けば、ある意味で行き当たりバッタリな人間関係が多かったかもしれません。

結果、今、数少ないけれど貴重なパートナーや仲間が周りにいます。

思い描いたビジョンがあって計画どおりに仲間を集めたわけではありません。だから12年前の20歳のときには、今の自分の姿も大切な人もまったく想像できていませんでした。

今あなたの周囲にある人間関係も、たまたまそこにあるだけ。家族でもない限り、別に一生つきあう相手ではないはず。半年後や1年後に今の交流がどうなるかなんてわかりません。だから、同じ課に在籍したり、何かのチームでタッグを組んでいる間だけ、最低限うまくやることを考えればいい。迷惑をかけず最短で共通目標を達成できればOKです。

長い人生から見たら誰もが一瞬の関係です。あなたは完璧な人間でなくてよいし、無駄に頑張る必要もない。それが**尊敬し合える相手であれば、自然につきあいは継続していく**もの。しがみついて必死で守るものでもないのです。そこでちょっと関係がうまくいかないからといって、うつ病寸前まで悩んでしまうなんていうのは、明らかに考えすぎです。

目の前の人とのつきあいに縛られて生きるのは、もうやめませんか。

第2章

いらない人づきあいは
人生の質を落とす

無駄な人との関わりがあなたの人生を奪っている

前章で、あなたの人生の邪魔になる、不必要な人間関係をばっさりと断ち切る方法を書きました。

言い方が過激に感じられたり、怖くてとてもここまではできないよ……と思った方もいるでしょう。人によっては、これを実行したらみんなから浮いてしまってひとりぼっちになってしまうんじゃ？　と感じたかもしれません。

でも私は、あるときからこれを徹底してやってきたおかげで、自由になる時間がたっぷりでき、やりたかったことをいくつも実現できました。

何より今、ストレスのない楽しい人生を送ることができています。

と同時に、残った大切な人たちとの関係がより深く豊かなものになりました。

逆に言うと、たいして重要ではない人間関係に心を砕いてエネルギーを使っていたら、これらの夢はまったく叶わなかったでしょう。

無駄な人づきあいをしていると、時間がどんどん奪われます。結果、あなたが**本来やり**

たいことに手をつけられず、流されていくだけの人生になってしまいます。

人生は有限です。

毎日うんざりするほど残業して、たまに早く帰れる日があってもそこに飲み会が入ったりしては、いったい会社という組織にあなたの時間をどのくらい奪われているのでしょう。

そのくせ会社はあなたの一生を、決して守ってはくれないのです。そんな横暴な集団にさんざんエネルギーを奪われて、自分の人生を失なっていませんか?


ここ最近、私たちの働く環境の変化がますます速くなっています。その時代の変化に、日本の企業は明らかについていけていない、というのが私の印象です。

それにはインターネットの発達により、市場や情報が地球規模で瞬時に動くようになったことが大きく関係しています。専門的な勉強をしたホワイトカラーや技術者でさえも、活躍の場を海外の人々に奪われる時代です。

国内市場では、消費者はスマートフォンやタブレット端末を常に持ち歩き、賢い買い物をするための情報をいつでも手に入れられるようになりました。

インターネットビジネスの現場にいる私は、昔からある企業の方々が、この時代に合った消費行動の研究やマーケティングの方法をあまりにも知らなすぎることに、驚きすら感じています。たとえ一部の方が気づいていても、それをすぐに反映し、施策に取り入れる体制になっていない会社がとても多いように感じるのです。

そうした時代背景の中で、以前と変わりない組織にいて、他人に依存した人づきあいをしていては、沈みゆく日本経済、日本企業と一緒にあなたの人生も沈んでいってしまいます。

心からやりたいことを実現させ、幸せに生きていくためには、今すぐにあなたの時間を、必ずつくらなくてはいけません。

「関係を断ち切る」というとネガティブなイメージを持つかもしれませんが、実はまったくその逆。やりたいことをして、大事な人や会いたい人とともに過ごす時間を増やす。そのための生活改善策が第1章のノウハウだったのです。

これは、言ってみればあなたが生きたい人生を取り戻し、**価値ある人間関係だけを築く**ための第1ステップです。

うまくやるコミュニケーション術で失敗した新人時代

今では、ズバッと思うままに発言できるようになった私ですが、最初からそんなふうに振る舞えたわけではありません。

実は、入社したてのサラリーマンの頃は「どうしたら人とうまくつきあえるか？」ということにとても悩んでいました。

私は営業部に配属されていましたので、取引先が気持ちよく我が社に注文をしてくれるようにするためには、どう接したらいいのかを懸命に考えていたのです。

それは社内でも同じ。

世代の違う上司や先輩と一緒に働くうえで、どう関係を築けばいいか悩みました。

どうやったら仕事がスムーズに進むんだろう？

社内でどう振る舞ったら自分の立場がよくなるんだろう……？

そんなことを日々考えては、本屋さんでコミュニケーション術や人づきあい、人脈などに関する本を買い漁《あさ》って、書いてあることは、とにかくひととおり試していきました。

コミュニケーションのノウハウというのは、著者によっていろいろな書き方をしているものの、基本的には誰からも愛されるようなキャラクターづくりがポイント。接する相手に応じて、望まれるような好ましい人物になろうというものがほとんどです。

「自分から、できるだけ多くの人に接する」
「相手から好かれるように振る舞う」
「相手の『自己重要感』や『自尊心』を満足させる」
「目の前の人の自分に対する評価が他の人にも広がるように接する……」

24時間、こんなことを意識して過ごし、必死になってマニュアルを実践していました。苦手だなぁ、というタイプに接するときこそ余計に完璧なキャラを演じようと頑張ったのです。それが自分の習慣になれば、いつか人格が改造されて本当にそういう人間になるんじゃないか、と思っていた節もありますね。

確かに書いてあるノウハウどおりにやれば、目に見えるような効果もありました。新人ながら仕事の受注も増えたし、聞こえてくる社内での評判も上々です。「小玉はなかなか使えるヤツだ」「今度の新人の小玉はいいね」上司がそんなことを言っている、という噂が同僚から私の耳に入りました。

してやったり、のはずでした。

でも……。

私は次第にストレスを感じていったのです。

もともとの私のキャラは、なんでも正直に言うタイプ。表面上だけうまくつきあうテクニックを磨いて、本のとおりにできるようになっても、しっくりこない思いがありました。

何よりも自分自身がちっとも気持ちよくはないのです。

自分の中に、目に見えない鬱憤《うっぷん》がたまっていくのを感じていました。心の中にあるむずむずした感じ、どうしようもない違和感を処理できなくなってきたのです。

結局それは、**意識して「感じのよい人」を演じているだけであって、私の本当の姿ではない**からでした。

目の前の関係をスムーズに進めようとして、相手が望む行動をとること。

そればかりやっていると、本当に自分が感じていることや本当に会社のためになることを口にできず、飲み込んでしまうことになります。

それは、大きな視点でみれば、ちっともよいことではありません。

心身がストレスに蝕《むしば》まれておかしくなりそうなくらい、本当に気持ちの悪い体験でした。

偽りの完璧キャラにお別れ

入社後、数ヵ月間続いた私の苦心のチャレンジは、ある宴席で終わりを告げました。

それは、営業部の各セクションが合同で集まる大きな座敷での宴会でした。

かなり遠くに座っていた隣の部署の課長が、何やら私を呼んでいるというのです。

軽く嫌な予感がしました。

なんだろう……？　という面持《おもも》ちで人の間を縫いながら彼のもとにたどり着くと、嫌味っぽい調子で開口一番、

「小玉、おまえはなんで俺に酒をつぎにこないんだ？　あん？」

と言うではありませんか。

私は絶句しました。

普段から上司風を吹かせる雰囲気があって、肌の合わないタイプだとは薄々感じていま

したが、まさか「酌をしろ」と言うためにわざわざ呼びつけるとは、どこまでネジがぶっ飛んだ人間だろう……。

そんな思いが頭の中をかけめぐり、理不尽な要求への怒りが急に込み上げてきました。ところが、私の思いに気づかず彼は説教を続けます。ふつふつと湧いた怒りが頂点に達したとき……そこからは一瞬の出来事。私は左手で、テーブルの上に載ったビール瓶をふり払い2、3本ひっくり返していました。

ガシャーン。

大きな音と、畳に吹き出すビールの泡。

急に静まり返って、凍り付く周囲の社員の面々。

何よりも呼びつけた課長本人が、一番目を丸くしていました。

私自身、自分の行動にびっくりです。

……あっ、やっちゃった。こりゃまずいぞ……。

内心そう思いながら、でも心は不思議と冷静で、むしろ爽《さわ》やかささえ感じていました。

私の振る舞いを見た課長は、しばし呆気《あっけ》にとられた後、小さい声でなんだかぶつぶつ言っていましたが、まったく私の耳には届きませんでした。

結局その場はそれで終わり、私はこぼれたビールや皿を片づけてくれた同僚たちにお詫《わ》びを言いながら、自分の席に戻り宴会は再開されたのです。

当の上司が、そのときどう思ったかは知りません。

しかし私が彼の言動に反感と嫌悪感を覚えたことは、間違いなく伝わったことでしょう。

当たり前のことですが、会社員は上司に酌をするのは仕事ではないし、まして義務でもありませんよね。

とはいえ、今思い返すと「ちょっと大人げなかったなぁ」と恥ずかしくなるお話です。

当時の私はおそらく、周りに気に入られる人物像をつくり上げることに相当疲れていたのでしょう。積もり積もったストレスが、上司の心ない言動によって一気に噴出してしまったのだと思います。

周りへ与えたインパクトとは裏腹に、私はその一件ですっかり自分の中でモヤモヤが晴れました。そこまで明らかな態度にしてしまったら、もう後にはひけません。

やっぱり**自分の思いに正直に振る舞うこと**が、私には自然であり性に合っていたのです。

その一件があってから、私は完全に吹っ切れました。「相手の望むように」という、本で学んだコミュニケーション術の行動基準を捨てることができたのです。

もともとの私がそうであったように、誰に対しても正直に接するようになりました。あくまで**自分の価値基準で動き、モノを言う。自分が納得するように振る舞う**、という本来の姿に戻ったのです。

結果、いろいろなところで衝突も起こりましたし、私のことを批判する人の声も耳に入ってきました。「小玉はつきあいが悪い」というのは特に多かったですが、「生意気だ」とか、「何様のつもりなのか？」ともよく言われていたようです。

その一方で、誰に遠慮することなくモノが言える人間として、讃《たた》えてくれる人も数多く現れました。名前もよく知らない他部署の人間に「小玉さん、頑張ってください！」といきなり握手を求められたこともありました。

そして、仕事の成果はというと、意外なことに予想以上にどんどん調子が良くなっていったのです。

なぜかというと、自分に本当に必要な関係だけを残し、会社などでの無駄な人づきあいをしなくなったおかげで、読書をしたり講演会に参加したりするなど、勉強する時間ができたからです。そうやって得た知識を仕事に反映させるという良い循環ができて、どんどんスキルがあがっている実感がありました。

さらに、関わる相手には偽りなく本音で接することで、社内の人間はもちろん、取引先の人とも建前なしのコミュニケーションがとれるようになり、スムーズに仕事が進むようになったことも大きかったと思います。相手に接するときは、自分のこともなるべく明け透《す》けに語りました。すると響き合う相手とはすぐに深い話になり、短い時間で信頼し合える関係を築くことができるのです。

「味方となる人を増やしたい。だから人に好かれなければならない」と考え、**偽りの自分を演じている限り、本当に気持ちのよい人づきあいはできない**ことを体感しました。

その後の私は、おそらく会社史上もっとも自由に振る舞って仕事をし、7年目で退社することになります。そのとき副業での収入が会社給与の25倍もありました。これも、会社に無駄にエネルギーをとられることなく、ビジネスをする時間を持てたからこそです。

職場の人間と仲良くする必要なんてない

当然ながら、あなたの周りにいるすべての人が、あなたにとって大切な人ではありません。

好感のもてる人もいるでしょうし、特になんとも思わない人もいるでしょう。それどころか、「嫌だな」とか「嫌いだ」と感じる人間も、必ずいるものです。

なんだか癪《しゃく》に障《さわ》る、嫌味だ、傲慢《ごうまん》だ、パワハラ、セクハラまがい、えこひいき、自慢ばかり、意地悪、どうも相性が悪い、生理的にダメ……。十人十色といいますが、この世の中には百人百様の人間が存在しています。

会社などはまさに、気に入らない人間の巣窟《そうくつ》じゃありませんか？

あなたにとって、つきあいたくない相手が上司だった場合は最悪ですよね。

嫌な相手なのに、上司である以上、言われることは基本的に聞かなければいけないのですから、会社とは、なんと呪わしい場所なのでしょうか。

しかし、残念ながらこれはしかたのないこと。世の中にはいろいろな種類の人間がいるのです。

問題なのは、あなたがそのことを必要以上に重大事と思い込んで悩んでしまうこと。さらに、そういう嫌な相手とうまくやっていこうと苦しい努力をしてしまうことです。合わない相手とうまくやる努力は、はっきり言って時間の無駄でしかありません。

私の解決策は、嫌な人間との関係は切る、それだけです。

もちろん仕事ですから最低限の関わりは発生しますが、それ以外の個人的な関わりは完全に持たないようにするのです。

もしかして、あなたも嫌な人間とのコミュニケーションで悩んでいませんか？

もしそうなら、直属の上司がどんなに嫌なやつでも、課の先輩が全然働かなくてムカついても、自ら関係の改善を考えてはいけません。相手の性格を変えることなど100パーセント無理ですし、あなたがわざわざ歩み寄ることもないのです。

嫌なやつは嫌なやつ、そのままで存在させていればいい。うまくやろうなどとは思わず、ただ淡々と自分の職務さえこなしていればいい。

職場で好きになれない上司も同僚も、**たまたま同じ会社にいて同じフロアにいるだけ**のこと。自分とは合わない人に無理して合わせ、必要以上に交流を深めることはありません。

「簡単に言うけど、そんなの自分にはできないよ」と思ったあなた。ここで、ちょっと考えてみてください。

あなたはなぜ、会社にいるのですか？

仕事をして、その対価としてお給料をもらうためにいるのではないですか？

会社とは利益を出すことが最優先の集団であり、あなたがそこに所属する目的は、みんなと仲良くするためではなく、仕事をして会社の利益をあげるためです。

「仕事をするために、周りの人間関係を良好にする必要がある」という考えもあるでしょう。けれどそれは、程度の問題です。変に仲良くなりすぎると、ダラダラとなれ合いの関係が仕事の効率を悪くすることもあります。仕事がうまくいくようにと、自分を偽ってまでおつきあいをして、今度はその人間関係が仕事の支障になるようでは、本末転倒です。

けれど、今の日本は、そういった**なれ合いの関係に縛られて変なストレスを抱えた人が、あまりにも多すぎる**ような気がします。

だからなのでしょう。書店へ行くと、自己啓発やコミュニケーション術の本で「苦手な人とどう接するか」というテーマのものがよく売れているようです。

たいていは、「まずは人を好きになることから始めましょう。そうすればあなたも好かれます」と書かれています。

でも、それは理想論。すべての人を愛するなんて、よほど人生修養を積んでホトケ様のようなありがたい心境に達しない限り現実問題としてなかなかできるものではありません。本職であるお寺の住職や修道院のシスターですらキレることがあるらしいのですから、私たちが人の好き嫌いなしに生きるのは、絶対に難しいのです。

私のやり方は、うまくいかない関係を修復するのではなく、放置して捨て去ることです。

「人を伸ばすには長所を伸ばせ」といいますが、それと同じこと。

問題点を修正するという悪い部分にスポットをあてる方法でなく、**人間関係のよい面だけを見てやっていく**ほうが、より近道で多くのものを得られるのです。

これから生き残るのに、人間関係はいらない

あなたがもし、上司や先輩、組織に不満があっても、それを出さずに黙って従っている

のだとしたら、それには理由があるはずです。

本当は言いたいことや不満もあるが、査定や出世に影響するので我慢して従う。クビになったり、左遷させられたりするのが怖いから従順な部下を演じている。だから嫌な上司でもゴマをすって可愛がってもらおうということかもしれませんね。

でも、会社とは社員一人ひとりの集合体であり、常に他社との生存競争にさらされていることを思い出してください。

たとえば会社が悪い方向に行っているときには、現場を知っている末端の社員も含めて意見を幅広く取り入れるべき。そんなとき、上役の顔色をうかがってばかりで意見のひとつも言えない社員は、「使えない」人員です。

企業の終身雇用がまだ生きていて、会社自体がファミリーのような温かい場所だった時代もありました。その頃は、会社組織に依存したライフスタイルが当たり前。組織内や取引先で「いい人」として認められなければ、仕事の成果も出世も得られないのがサラリーマンの人生でした。逆に、結果を出していても一部の上司や上役に気に入られないために出世できず、涙を飲む人もたくさんいたと聞きます。

だから、嫌いな取引先でもひたすら低姿勢で接待をし、価値観の合わない上司におべっかを使い機嫌をうかがう……そんな不自然なつくられた人間関係が当たり前のようにありました。「企業戦士＝我慢、奴隷《どれい》根性を厭《いと》わず貫いた者」だけが上を目指せるという図式だったのです。

しかし、今や時代は変わり、そんな古くさいコミュニケーションではまったく通用しなくなっています。

過去に絶対大丈夫と思われた大企業においても、倒産・リストラが当たり前の現状で、出世への影響が怖いからと上司に対して意見のひとつも言えずに黙っているような人は、いつクビ切りの対象になるかわかりません。

そういうタイプは、当然、転職や起業をしてもうまくいかないでしょう。

反対に、**自分の主張をきちんと言える人、それを行動であらわし結果を残せる人だけが生き残る**のが、これからの時代です。

現に私がサラリーマンとして勤務した7年間、初期の数ヵ月を除いて、私はいつでも誰に対してもはっきりものを言う社員だったし、さらに社内ではものすごくつきあいの悪い社員として過ごしました。それでも、職務上の評価は決して悪くなかったのです。

もっとあなたの感覚や信条に自信を持ってほしいと思います。

ちょっぴり勇気を出して、試しに、自分が仕事上で正しいと思ったことをそのまま言ってみましょう。それだけであなたの評価は2割増しになるはずです。今の仕事の実力がどのくらいであろうとも、です。騙《だま》されたと思ってやってみてください。

だいたい、特定の上司に気に入られていれば大丈夫とか、上席に可愛がられているから安泰だというのは、能力ではなく、人間関係に依存して自分の居場所を確保しようという不健全な考え方です。

こういうぶら下がり社員は、会社に有機的な提案もできないので、企業が組織を再構築（つまりリストラ）するときには、本当に居場所がなくなります。

そんなとき「上の言うとおりにやってきたのに」「上司にさからわず真面目にやったのに」という言い訳は通用しません。これからはたとえ組織の中でもしっかり自分の足で立ち、自主的に判断のできる人間だけが生き残っていくのです。

自分の中の「いい人」は、今すぐ抹殺すること

ここで、「人脈術」や「人間関係を良くする本」の類《たぐい》によく書いてある、ひとつの大き

なかカン違いについてしっかり触れておきましょう。

親しくなりたい人の前でどんな発言をしたら気に入ってもらえるか、どんな行動をしたら気持ちよくなってくれるかを考え、あなたが有益な人であるとアピールする。つまり「いい人」を演じるということ。こうした対人テクニックが、それらのハウツー本にはたくさん書かれています。


なぜ、こんなにも「いい人になりたい」と思う人が多いのでしょうか。

「いい人」でいれば、職場の居心地が良くなるとでも思っているのでしょうか。

先にも触れた私自身の経験から断言しますが、完全に答えは「NO」。こうやってできた関係は長くは続きませんし、職場での居心地はどんどん悪くなる一方です。

ですから、もしあなたが職場の人と仲良くなって、働きやすい環境にしたいと思うあまり、好ましい人物を演じているとしたら、今すぐやめましょう。

そうやってスタートした関係では、**相手の方は素のあなたとつきあっているわけではなく、あなたが演じている「いい人のあなた」とつきあっている**のです。あなたは、その関係を壊さないために、ずっと「いい人」を演じ続ける必要があります。これはしんどい。

本当のあなたではないのでストレスを感じ、どこかで苦しくなってきます。当然、居心地は良くないですよね。会社に行くこと自体が苦痛になる人もいることでしょう。そして、演技が限界に達し、演じることをやめた瞬間に人間関係が終わるのです。

それは、もともとの繋がりが、**あなたが演じる「いい人」がベースになっている**から。

この場合は相手にも職場にも罪はなく、演じてしまったあなたのほうが悪いのです。

正直に本音で語り合いたいなら最初からそうすべきですし、相手に優しさを与えることが目的なら、最後までそれをやり遂《と》げることです。しかし最後まで演技を通すなんてことは絶対に無理です。

これは、職場での上司・先輩・同僚との関係のみならず、恋愛関係、友人関係、どんな場面でも共通して言えますが、自分が気に入った相手に「いい人」の顔をして気に入られようとしたことがある方は危険です。

「Nice guy never win（ナイス ガイ ネバー ウイン）」という言葉があります。お人好《よ》しは、それだけでは決して勝利者にはなれない、ということです。

合コンなんかでよく「恋愛対象にならないタイプ」と言われる人がいますよね。陰で「山田君なんてどう?」「うーん、ま、いい人なんだけどね」と女子陣に言われてしまったら完全にアウト。どこまで仲良くなっても最終的に「いい人」どまりです。彼氏や結婚相手としては永遠に選ばれません。

そんな「いい人」でいるよりは、自分の本音をさらけ出していきましょう。たとえ10人中9人の人があなたを敬遠したとしても、たったひとりの強い賛同者を見つけたほうが、ずっとあなたの人生にはプラスになります。

そもそも本当に気の合う仲間でもないのに、その輪に入って、みんなに好かれていないと不安というのはあまりに幼稚な考え方。特に会社は集団の利益を目標として違う個人がたまたま寄り合った集団です。その中で万遍《まんべん》なく、誰とでも関係を深める必要など、私はないと思っています。

さらに「いい人」のレッテルが貼られると、どんどんやりたくない仕事やお願いごとをふられて、自分の時間が奪われます。結果、自分の送りたい人生を生きられない、ということになります。

私は何も「嫌なやつ」になれと言っているのではありません。本来の自分を隠してまで**誰かと仲良くするために「いい人」を演じるのは、とても危険**ということ。

会社があなたの一生を面倒見てくれるわけでは決してありません。

そんなことに使う時間があるなら、大事な人と深く過ごす時間をもつべきなのです。

無駄飲み会の時間は、累積《るいせき》すると年に144時間!

忘年会、新年会、歓送迎会と、会社関係の飲み会はとにかく多い。よく考えてみると、あなたの時間をもっとも奪っているのは、こういった就業時間外のつきあいではないでしょうか?

私は会社員時代、こうした飲み会が苦痛でしょうがありませんでした。馬鹿話と下ネタとカラオケばかりで正直楽しくもなんともない。そんな話をすると、多くの友人が私と同じ意見を持っていることを発見しました。

あなたも、内心、少なからずそう感じていませんか?

だとすれば、無理してつきあう必要はまったくありません。自分にとって苦痛なもの、楽しくないものは、人生からできるだけ切り離してしまえばいいのです。

もちろん職務がありますから、仕事は淡々と進めます。しかしそれ以外の関わりやコミュニケーションまで、周りに合わせる必要はありません。

会社での無駄な人づきあいで浪費されるもの

時間編 **週1回、3時間の飲み会に行っている場合**

1回3時間×4週（／月）×12ヵ月＝**144時間!**（1年間）

↓

10年間この生活を続けると……**1440時間、累積60日の浪費!!**

お金編 **週1回、3,000円の飲み会に行っている場合**

1回3,000円×4週（／月）×12ヵ月＝**144,000円!**（1年間）

↓

10年間この生活を続けると……**1,440,000円の浪費!!**

会社員であれば、同僚や上司とは、一日のうちで最低8時間は顔を突き合わせているはずです。それでもう十分ではないですか！

もしもあなたが「会社ってそういうところ」「場の空気ってものがあるから自分だけハミ出すわけにはいかない」と、なんとなくあきらめているとしたら、今日このときから意識を変えてください。

毎日会社に通っていると、無駄な人づきあいが漏れなくくっついてきます。このつきあいごとにうっかり参加していると、長い期間にものすごい量の時間とお金を失うことになるのです。

上の図を見てください。単純計算しただけでも、これほどの時間とお金を浪費しているのです。

あなたが、大勢で飲むのがとにかく好きで、何をおいても宴会が第一優先というほどの酒好きなら、別にいいでしょう。しかし、これだけの時間をあなたが本当にやりたいことに充《あ》てたなら、どんなに自分にとって有意義で生産的な楽しい時間を過ごせるでしょうか。

お金も然り。飲み会に消えるお金をあなた自身への投資に使ったら、どんなに有効か。趣味に使うもよし。何かの学びの費用に充てるもよし。サイドビジネスの投資金にすることだってできます。

そのことに気づいた私は、会社の**ほとんどの飲み会を無視して過ごし、行くのはどうしても欠席できない忘年会や送別会など**ごくわずかなものだけ。その数少ない飲み会すらもほとんど記憶に残っていません。

それはそうです。会社の大人数の飲み会なんてノリだけワッショイのお祭りみたいなもの。本気で事業の未来や仕事のあり方を語ろうと思ったら、これほど適していない場面はありません。例のビール瓶を倒して語り草になった飲み会以外で私の心に残っている宴会は、ほぼ皆無です。

あなたも、いきなりが難しければ、少しずつでも会社の飲み会はセーブしていきましょう。あまり気乗りしないメンバーの飲み会に行って愛想笑いをしながらお酒を飲んだところで、自分らしくいられないのでストレスがたまるばかりです。

結局は「〇〇課長も帰ったし、飲み直すか！」と言って、ストレス発散のためにまたはしご。こうして飲み時間が2倍に増え、胃や肝臓への負担がさらに増していきます。

「うーん。そんな堅いこと言わなくても、宴会は楽しければいいよね！」という反論もあるでしょう。けれど宴会が楽しいのは、バカ騒ぎをしてストレス発散になるからではないですか？　そのストレスの元になっているのが、普段過ごしている職場の人間関係だとしたら……。

仕事でストレスをつくって、会社の飲み会で発散して、それで胃腸を酷使して……というサイクルを永遠にくり返すことになりますよね。こんな馬鹿らしいループ現象がサラリーマン生活だとしたら、とっても虚《むな》しくはありませんか？

楽しく**羽目を外すなら、気のおけない友人や仲間、家族と一緒がいい**と私は思います。

宴会でおチャラけ者を演じて人気者になったとしても、しょせんそれは会社にいる間だけのこと。仕事の実力とはまったく関係ありませんしね。

ステップアップするために必要な武器とは？

プライベートで自己研鑽《けんさん》なんて、照れもあってなかなか人前では言えないものです。しかし、企業マンと独立起業を両方経験しているからこそ自信を持って言いたいのですが、**自分を磨く努力を怠《おこた》ってしまったら、確実に生存競争に取り残される**のが今の時代です。

あなたが本当に真剣に仕事に取り組みたいならば、就業時間外で役立つ本を読む時間も必要だし、講座や勉強会などスキルアップする機会は、いくらでも探せます。

社内の無駄コミュニケーションでかりそめの連帯感を温めている時間などは惜しくてしようがないはず。誘われるままに時間を浪費することは、あなたから向上心を維持する体力すら奪っていく危険な罠ですので、本当に気をつけてください。

私はサラリーマンとしての最後の数年、会社では人気部署のマーケティング部に在籍していました。そのときマーケティング関連の書籍を、歴史を辿《たど》りながら読み漁ったことは、今、企業のコンサルティングをするのに非常に役立っています。

ところが当時の同僚や先輩と会話をすると、自分の専門業務でありながら、たとえばロバート・B・チャルディーニの『影響力の武器』など、セールスやマーケティングの必読書と言われる本さえ読んでいない。あまりにも本の話が通じないので「なんて不勉強な！」と思っていたのです。そのせいか今でも、**仕事のために勉強している会社員は恐ろしいくらい少ない**のでは、という印象があります。

でも、よくよく彼らの日常を観察すると、確かに本を読む時間がないことがわかります。毎日長いサービス残業をこなし、ときには休日出勤もある。そのうえ私と違ってつきあいの飲み会にもしっかり参加しているので、全部をこなしていくと疲れ果ててしまい、たまの休みはぐったりしてひたすら寝るだけ。読書や自己研鑽をする時間など、捻出《ねんしゅつ》できるわけがありません。

これでは自分の価値を高め、スキルアップすることなど不可能です。

さらに悪いことには、生活の大半が職場の情報と人間関係の中にしかないので、視野もどんどん狭くなる。ときには違った世界を知って複眼的視点を持たなくてはいけないことくらい、本人だって知っているのです、本当は。

とはいえ、それもこれも自分のやる気次第です。インターネットと情報デバイスがこれだけ便利になったので、学ぼうと思えば方法は見つかります。電子書籍の普及は移動中の読書を簡単にしましたし、本に限らずとも携帯端末を使って音声や映像で学習する手段もあります。

仕事の達人は、こうして**自分の時間をきちんと確保できる**もの。くだらないつきあい時間が大嫌い。だから仕事の実力も底上げできるのです。

学べば学ぶほど結果に反映され、仕事が楽しくなるものだし、意気投合する仲間も生まれます。

夢を邪魔する仲間なんていりますか？

仕事から離れて、今度は「あなたの人生」という側面から考えてみましょう。

あなたが叶えたい夢はなんですか？

大きなことでなくてもよいのです。一番直近で実現したいことはありませんか？

「行きたかった国に旅行に行く」

「大好きな家族とたっぷり過ごす」

「趣味の釣りを思う存分やる」

「草野球やフットサルに汗を流す」

「やりたかったビジネスをオンラインで立ち上げてみる……」

こういったことは、言ってみればほんのささやかな願いですね。けれどもあなたは今、その実現に向けて準備ができていますか？

ほとんどの時間が仕事やつきあいに費やされ、何もできていないとしたら、とても不幸なこと。私自身、会社員時代は日々時間と戦っていたので、その痛みがよくわかるのです。

特に私は好奇心のかたまりみたいな人間なので、会社の仕事以外にもやりたいことがたくさんありましたし、そのためには時間もお金も必要でした。

くり返しになりますが、サラリーマンとして雇われている以上、仕事はきっちりやらなければなりません。

でも、それ以外の**どうでもいいつきあいごとは、何か大切なものを失っている**気分にしかならなかったので、私には耐えがたいことでした。

だから私は、あるときから会社での無用な人づきあいは一切排除することを選択したのです。

大切な人との時間がなくなる

ここまで読んでいただくと、私のことを仕事と趣味の探求で、エネルギッシュにがつがつと突っ走っているハイパー元気な人間のように思いますよね？

何もそこまで生き急がなくてもいいんじゃないの？　自分には合わない、真似できないよ……という声も聞こえてきそうです。

でも、そうではありません。しっかりゆるんだオフの時間を過ごすことも私は大好きなんです。そんな癒《いや》しの時間を過ごすパートナーは、もちろん当時の彼女（＝今の妻）でした。

彼女は、唯一私が無防備でダメ人間でいることを許してくれる貴重な存在でした。今まで、忙しすぎた私の身勝手をどれだけ許してくれたかわかりません。もちろん大ゲンカもいっぱいしましたが、最後に私を迎えてくれる存在は彼女以外ありませんでした。

本当に正直なところを言えば、こういう伴侶とめぐり合えただけで人生はもう十分なのかもしれません。のろけ話をするつもりはまったくないのですが、妻ともうすぐ1歳の息子が家の中で笑っている姿を見るとき、私は他と比較しようもない幸せと満足を感じます。毎日その姿を見ないと気がすまないので、出張に出かけたときは2日もすると会いたくてたまらなくなります。笑っちゃいますよね。

ところが、今考えると本当によく我慢していたものだと思うのですが、会社員として働いていた頃は、いくらつきあいをセーブして自分の時間をつくろうとしても、こうした安らぎのひとときを過ごす時間はずっと少ないものでした。一緒にゆっくり晩ご飯を食べるにしても日曜日に1回がやっと。後は毎日、「おはよう」とか「洗濯ありがとう」とか断片的な会話のみ。ひどいときは2、3日ほとんど会話がないこともありました。同じ部屋に住んでいるというのに、です。

それどころか、今のビジネスのベースとなる副業を始めた頃は、彼女に手伝わせて真夜中にせっせと商品の出荷をしていました。深夜の2時に台車いっぱいの発送品を載せ、コンビニまで行くのです。恋人同士の甘いムードなんてあったもんじゃありません。

先行きがどうなるかなんてわからないのに、よく私のやることに文句も言わずついてきてくれたと思います。そういう意味で妻は私にとっては一緒に戦った同志のようなところもあります。おかげで今も妻には頭があがりません。

当時の私は、たくさん稼げば自由になれる、いっぱい時間ができたら必ず今より幸せになれると信じて進んでいました。そういうビジョンがなかったら、あんなに忙しい生活は、我慢できなかったと思います。最愛の人との時間まで犠牲にして、なんのために頑張っているのかわからなくなりますよね。

あなたも、同じような悲しい状況になっていませんか？　仕事と社内の人間関係に食われて大切な人との時間を削られているのなら、それこそ後悔が必至です。

自分磨きや仕事スキルの向上、叶えたい夢の実現よりも、このことを本当は一番優先すべきかもしれません。あなたの**生きている証《あかし》は、一番身近にいるあなたの応援者の中にしかない**のですから。私はそのことに、会社を辞めてやっと気づいたのです。

決まりごとなどひとつもない

ここまで読んでもらって、あなたも胸に手をあてて今自分が持っている人間関係で何がもっとも大切なのかを考えてくれたなら、とても嬉しく思います。

思えば人づきあいって、とても曖昧《あいまい》で不思議なものです。

他人なんて、自分では絶対にコントロールできないもの。にもかかわらず、私たちはひとりぼっちでは絶対に生きられません。

ではいったい、自分が心から満足する人間関係や人とのつきあい方とは、どうあるべきなのでしょう？　その実態について私なりに考察してみたいと思います。

今あなたの身の回りにいる人は、あなたにとってどんな意味がある人たちですか？

会社に勤めていれば毎日顔を合わせる同僚、上司、先輩や後輩たち。

プライベートでいえば家族、友人、趣味の仲間。お母さんならママ友なんかも関わりのある関係ですよね。

会社員の人にとっては、人生の中で社内の人間関係の占める比重が大きくなりがちです。生きるためにしている仕事ですから、会社に時間をとられるのはしかたないこと。

ただし心の中で**必要以上の重みをもって会社のことを考える人が多すぎる**のです。

前から私はこれが気になっていました。今いる会社があなたにとってベストではないし、ましてすべてでもないのです。

職場の人間関係やつきあいを「しかたないもの」「当たり前のもの」「つきあわなければ

いけないもの」と決めつけて、他に使えるはずのエネルギーを無意味に費やしてしまっては、あなたという人間が確実にすり減ってしまいます。

そもそも世の中には、「やらなければいけないこと」はほぼ存在しません。

ある僧侶の方はこんなことを言っています。

「人間の一生ではっきり決まっていて、ただひとつ変えられないことは、『いつか死ぬ』ということだけだ」と。

確かにそのとおり。誰もがいつかは死を迎えます。これだけは避けようがありません。けれど、それ以外は決まりごとなどなく、**自分の意思次第でどんなふうにでも変える自由がある**のです。

つまり、あなたの時間を縛るルールや拘束力は、会社にはありません。

あなたの人生は一度きり。あなたの思いどおりにやっていい。そうしなければ死が訪れたときに後悔してしまいます。

他人が決めた価値観や、周りがこうだから、会社員ってこんなもの、となんとなく合わせて生きていたって、ちっとも楽しくはなりません。

出会いこそ、「数」より「質」

これまでは主に会社での人間関係についてページを割いてきましたが、実は、それ以外の人間関係もまったく同じです。

第1章の最初にお伝えした「iPhone事件」をふり返ってみましょう。

おそらく携帯電話には、仕事関係もプライベートもごっちゃに合わせて登録されていますよね。登録されたメモリーには、あなたにとって必要な人がどのくらいいますか？

よく「若いうちは出会いが自分の成長に繋がるから、多くの人に会いたい」という人がいます。また、人と会うことがとにかく好きで、喜びだという人もいるかもしれません。

それを全部間違っているとは言いません。

刺激的な人と会うと、なんとなく昂揚《こうよう》して、自分のモチベーションがあがる効用が確かにあります。ただしそれを強壮ドリンクのように一時的な発奮材料に使うだけでは、あなたの本当の役には立ちません。

簡単にあがったモチベーションは、簡単に落ちていくものです。

だから、すごい人がいるから、というだけでいろんなジャンルの人にやみくもに会うことはお奨《すす》めしません。

万遍なく全教科を勉強するのは、高校生までの授業で終わっているのです。そこから先は、自分の専門科目を決めて突き詰めていく時期。つまり好きなことを、ずっとやっていいのです。

今のあなたはすでに自分がどんなことが好きで、どんな人と繋がりやすいのか、なんとなくわかっているはずではありませんか？

だから**あなたがつきあう人間も、本当は自然と身の回りに集まってくる**のです。

では、これまで経験してきた出会いの中で、「この人に会えて本当によかった」と思える人が、あなたにはいったいどれくらいいますか？

その人とは、どんな形で出会いましたか？

パーティや合コン、まして異業種交流会などで出会ったケースは、限りなく少ないのではないかと思います。

それよりは、学生時代からの仲間とか、何か自分が楽しんでやっていることを通して会った人のほうが多いですよね。そういう関係は、興味の対象が似通っているので話しているだけでお互いに学びがあります。そんな人間関係こそがもっとも長続きするのです。

数多く人と会うためだけに、意図して出会いの数を増やすのは、自己成長を望むならば的外れですし、かえって遠回りなのです。

つきあう価値のある人間は、ごく限られた人のみ

「この人、苦手だ」とあなたが感じる人とは、努力してもその先長く続く関係には絶対になり得ません。しかも、そこで我慢してつきあっていると、その関係からさらに無駄な関係が生まれることすらあるのです。それなら最初から無理につきあわなくたっていい、というのが私の考えです。

そもそも、好きでもない人と一緒に何かをやっても頑張れるわけがない。

これ、当然ですよね。合わない人と無理に関係を取り繕おうとしても、そこに生まれるパワーはめちゃくちゃ弱い。すると何も生み出すことができません。

それなら、はじめからそんな関係は結ばないこと。

これぞ、人づきあいがラクになる極意です。

現在私は、自分でビジネスをやりつつ、それをインターネットなどで自分の好きなように情報発信しています。基本的に「小玉がいい」「小玉が好き」と思ってくれる人しか、お客になってもらわなくていいと思っています。

私のことを嫌いな人もたくさんいると思います。でも嫌いな相手とは関わらないので、私にとってはどうでもいい。完全に放置です。

不思議なもので、私を嫌う人がたくさん現れると、それと同数以上に私のことを好きだと強く言ってくれる人が現れるのです。だから嫌われることを恐れてはいけません。

ここで、**自分に反対派の人たちと、変にうまくやろうとするから疲れてしまう**のです。

中途半端に好かれようとすると、正直なあなたの気持ちを封印してしまうことになります。そのほうがよほど損失は大きく、あなたの前進を妨げてしまいます。すでに書いたとおり、偽りの自分を演じても、絶対にいいことはないのです。

重要なのは、自分に合わないものは合わない、という割り切りを持つこと。

たとえば、下着はブリーフが好きなら、ブリーフしかはかない、と自分で決めるのです。

そうすればあなたにトランクスをプレゼントする人はいなくなります。

不用意にあなたの内部に立ち入ってくる他人は、自然にあなたの周りから消えていきます。

人と情報は捨てて、絞る

なぜこうまでして、人間関係を整理するのか。

なぜ知人の数を増やしてはいけないのか。

ここまで読んで、その理由を納得してくれたでしょうか。


今の時代、私たちはあまりに多くの情報にさらされています。

おそらく人類の歴史上、一人ひとりが受け取る情報の量が過去最大になっていると思います。テレビを点《つ》けても、パソコンや携帯端末を開いても、情報が洪水となって押し寄せてきます。

さらに、今ほど人と人が簡単に繋がることができる時代はありません。

インターネットの発達のおかげで、部屋から一歩も出ることなく人と出会い、コンタクトをとることが可能です。これは、今ある人間関係の交流を深めることにも役立つ素晴らしいものです。

同時に、新しい出会いが生まれる機会も増えました。

友人、仕事、趣味の仲間……そのすべてをパソコンやスマホを通じてお手軽に探すことができる時代に私たちは生きています。もう物理的な距離や国籍も関係ありません。

もし、「人間」も情報を伝達する媒体のひとつと考えるなら、あなたが関わる人たちも、あなたにとっては情報の入り口のひとつ。

あなたに**無駄な情報を流したり、時間を浪費させたりする人は、消すことのできない騒音を流すスピーカー**みたいなものです。その声があなたのやりたいことに横槍《よこやり》を入れ、まったく関係のないアサッテの方向に連れて行くかもしれません。

実は、ネット技術の発達が可能にした「人とたくさん繋がれる」ということは、喜んでいいことばかりではないのです。雑多な人間関係から得られるものは、残念ながらほとんどないのですから。

放っておくと絶え間なく降ってくる雑音や誘惑にあなたの行動が乱されないように、自分を律する姿勢を持ってください。

職場の人間がどうであっても、所属するコミュニティの仲間がどうであっても、あなた自身が歩く道を決めたら、見失わないように。

どんなに好奇心旺盛で、どれだけ便利な世の中になって可能性が広がっても、ひとりに与えられた時間は、世界中平等に1日24時間なのですから。

自分らしい充実した人生を送る人は、必要な人と情報にフォーカスして、集中した濃い時間を過ごしています。

だからこそ不要な人と情報を切る、遮断することが必要なのです。

あなたが、今の自分よりもうちょっとステップアップした自分になりたいと思うなら、**無駄に時間を費やされる関係を整理して、自分がワクワクする時間、楽しくいられる時間、自分がよりよくなるための時間を確実に持つべき**です。

それはあなたがやっていてもっとも充実感を得られることをする時間。読書でも勉強でも趣味でもかまいません。あなたが今現在、夢中になれるものでよいのです。さあ、今すぐに好きなこと、ワクワクすることにとりかかりましょう。

第3章

あなたの大事な人はどこにいる？

1 本当の仲間はどうやって見つけるのか？

ひとりでできることなんて、ほとんどない

前章までは、無意識、無自覚に生きていると、知らずにあなたの人生を無駄使いさせてしまう不要な人間関係がどんなに多いか、そしてそれがあなたの人生をどれだけ食い潰しているのかを語ってきました。

そして不要な人間関係を捨てる、ちょっと過激な処世術のリストも載せさせていただきました。

とはいうものの、私も今までひとりで生きてこられたわけではありません。人生の節目で、いつも人に助けられてきました。それらの人々がいなければ、今の充実した楽しい生活はありません。

第2章で紹介した妻以外にも、大きな変化がある節目には、私の力になってくれた協力者がいましたし、よきビジネスパートナーにもめぐり合っています。彼ら一人ひとりの存在がなかったら、今の私はありません。

全員が私にとってのキーパーソンであり、本当に大切な味方と呼べる人々です。

「ものごとがうまくいくには人の助けが必要だ」とか、「あいつには協力者がいるから成功したんだよ」とか、「自分にも人脈さえあればなぁ……」というように、**世の中で成功するための必要条件として「人」との繋がりがあげられる**ことが非常に多くあります。

では、こうした大切な人間関係は、どのようにして生まれるものでしょう。

「ワクワクを共有できること」が、人間関係の基本

たとえばこんな経験はありませんか?

進学や就職で親元を離れ、初めてひとり暮らしをしたときに親のありがたみや母の手料理の美味しさを発見する。

あるいは、別れてしまった後に、恋人の美点や長所を思い出してしかたがない……。

今すでにあなたが持っている人間関係には、**距離が近すぎるあまりに意識できないか、忘れてしまっている美点や価値が潜んでいる**可能性があります。

新しい情報をくれる人や刺激の強い人ばかり求めたり、数多く広く浅い交流をしていると、本当に自分に合っているものが、よくわからなくなったりすることもあります。

ある程度若いうちはそれでもいいのかもしれませんが、「これが自分だ」といえる生き方をしている人は、人とのつきあい方や交友関係にも、ちゃんと自分のスタイルを持っているのです。

自分のスタイルを深めて磨いていくには、大切な人との交流が鍵。誰よりもあなたのことを理解してくれ、あなたのやりたいことに共感し、一緒にワクワクしてくれる人。思い描いている理想や夢が一緒なら、多少の性格の違いやすれ違いがあっても互いに許し合えるもの。そこには、単純な利害関係を超えた結びつきがあるのです。

共通する目標や夢は、大きな理想や願望である必要はありません。

一緒に自転車で日本を回りたいとか、ハワイでサーフィンをしたいとか、いつか会社のプロジェクトで一緒に仕事をしてみたいとか。きっかけはそんなレベルでもよいのです。

もっと深い視点で、価値観が同じ人というのも得難い存在です。

仕事より家族を大事にして生きていきたいとか、いつかたっぷり親孝行したいとか、人生のプライオリティが同じ人がこれにあたります。

惹き合うときのサインは、話をしていると共感できることがたくさんあったり、なんだかすごいことができそうな予感にワクワクしたり、一緒にいることで同じ時間が何倍にも楽しめてしまったりすること。

そういう**高揚感や安心感を共有できるか**どうか。共通の目的意識があるかどうか。

これが大切な人を見極める際のポイントです。


実は、社会人として入社したての頃の私は、仕事だけでなくバンド活動に情熱を傾けていました。学生時代に出会った友だちと、毎週のようにストリートやライブハウスで演奏していたのです。気の合う友人とともに、好きな音楽を通して自己表現しながら、お客さんを集めるのが楽しくてしようがありませんでした。

今のあなたにも、熱中して取り組めるもの、やり出すとワクワクしていつまでも飽きずに続けてしまうものがきっとあるはず。そのワクワク感を共有できる人ならば、あなたの本当の仲間である確率が高いのです。

自分に忠実なら、出会いの窓は無限に広がっている

結論から言ってしまえば、ビジョンを共有する仲間やワクワクをともにできる相手がいるなら、それが本書で言う最高の人間関係。

お互いに欠点や気に入らない点があったとしても、あまり気になりません。短所さえも呑み込みながら、目標に向かって高め合っていくことができます。

「今はまだそういう人に会っていない」という人もいるでしょう。でも、焦《あせ》らなくても大丈夫。

やりたいことが明確になり、それを熱心にやっていれば必ずこういう同志が現れます。

たとえあなたの好きなことがひとりでやるような種類のものでも、必ず世の中にはコミュニティが存在しているはずです。

たとえばイラストを描くとか陶芸のようなひとりで黙々と取り組むような趣味を学んで

いる人も、スキルアップのために資格試験の勉強をしている人も、その種のスクールや教室に行けば、学びをともにする仲間ができます。教えてくれる先生や師匠との出会いも、とても大事なものですよね。

インターネット全盛の今なら、趣味を通じてネット上で出会う友人関係もあるでしょう。きっかけがネットであっても、実際に会って話すうちに、バーチャルからリアルの友だちになる例はたくさんあります。その中にあなたと同じ価値観を持つ人も見つかるでしょう。

ここで大切なのは、始まりはネットからの関係でも、きちんとそこから発展して、現実に相手と向き合って語り合っているかどうか。パソコンやスマホの画面を挟んでのつきあいだけでは、その人の本当の人となりなんてわかるはずがありませんね。

出会い方はどうあれ、**趣味や夢の実現を通して知り合い、現実の世界で相手の人柄にふれ関係を深めていくうちに100パーセント信頼できる**ようになった人。

そんな人が、これからのあなたに必要な人間なのです。

どんな人にも本当の仲間は現れる

中学生のとき、私のクラスに、地味でおとなしい、こう言ってはなんですが一見して暗い感じの女の子がいました。特定の友だちがいるようでもなく、学級内でどこにも溶け込めていない存在だったので、私はちょっと心配していたのです。

しかし私が高校に進学してしばらく経った頃、偶然、街でその子を見かけたのです。すると、同じように地味めで目立たない印象の女の子と連れ立って、３人くらいで何やら楽しそうにお話をしている様子。

遠くから彼女の笑顔を見て、私はなんとなくホッと安心しました。彼女にもどうやら居場所ができたみたいだからです。

人間は千差万別。みんなが私のように、物おじせずに何でも言える性格ではないでしょう。人にはその人のキャラにあった友だちができるもの。私はそれがいいと思います。

大切なのは、**自分の本当の居場所を見つける**ということ。

それがひとりかふたりの少人数であってもかまいません。心から気を許せる友だちがいて、そこに自分の居場所さえあれば、誰もが十分輝いていられるのです。

たとえば、昔はオタクといえば、コミュニケーションが苦手で2次元の世界に逃げ込む暗い人、というイメージがありました。しかし日本のアニメは、今や外貨を獲得しまくっている、わが国の貴重な文化であり財産。その源にあるのは彼らオタクたちのパワーなのです。

だから、自分のやりたいこと、好きなことは、自信をもって取り組んでください。

こうありたい、こうしたいという理想像に向かってとにかく進むこと。進んでいれば必ず友や仲間は現れるものです。

輝いて見える人は何かに熱中している

そうは言っても、社会人になってからは、「なかなか新しい人との出会いなんてないよ」という人も大勢いると思います。少ない出会いの中で、さらに「ワクワクを共有できる人なんて、いるわけがない」とも思うかもしれませんね。

そこへ、私が不要な関係を「切る」ということばかり言うと、「そんなにばっさり人を排除してしまって寂しくないのか？」「できるだけ多くの人に会ったほうが、豊かに見識が広まるのではないか？」「少ない人としか会っていないと視野が狭くなるのでは？」という意見を言う方もいました。

でも、考えてもみてください。

地球上には70億を超す人間がいて、世界各国でまったく違う文化や価値観を持っています。どんなに交友関係が広い人脈ホルダーであったとしても、世界中のすべての人と知り合いその文化に接することは不可能です。

そう考えると、私たち個人の生活は、なんてちっぽけなのでしょう。

そんな小さい範囲でせっせと交友関係を広げても、同じ日本という国、文化の中で似たような考え方をしている人と出会うだけです。

それならいっそ身近で多くの人・モノ・知識に触れることはあきらめて、**狭い範囲でも自分のもっとも興味あることに熱中して極めていったほうが、ひとりの人間として価値があると**私は思うのです。

あるひとつのことに精通していれば、極めた者同士の交流が成立します。

日本人が海外に行き、日本の料理や着物、歴史的建築物などのことを聞かれて知らなかったら、少なからず恥ずかしい思いをします。他国の人にとってみたら「この人っていったいどこの国の人なんだ？」と思うはずです。

同じように、自分が「どんな人間か」をきちんと口に出せるか出せないかは、自分の人となりを証明するパスポートであり、他人がその人を判断する材料になるのです。

だから、誰かと会ったときに「釣りが大好きでバス釣りの餌《え》についてはとても詳しい」とか「イラストが趣味なので似顔絵を描いてあげるよ」ときっぱり言える人のほうが絶対に魅力的。

つまり、**他人が興味をそそられるようなプロフィールを持つ**ということです。

もちろんそれが仕事に関連することでもよいのです。「会社では経理をやっています。数字には強いので、あなたのファイナンシャルプランを設計してあげますよ」というように。

あなたに何か得意なこと、詳しい分野があると、それだけで人とのコミュニケーションがとりやすくなります。それが相手にとって興味のあることならなおさらです。

何よりも、熱中できる何かを持っている人は、そうでない人の何倍も輝いて見えるもの。

「仕事はサラリーマンです。休日はうーん、なんとなくだらだら寝て過ごします」

こんな生き方の人と、積極的に友だちになりたいと思いますか？

反対に、夢や願望をいつまでも熱く語り合え、話が尽きないような相手なら、いつまでも繋がっていたいと思うはずです。

なんとなくどうでもいい人生を送っている人には、なんとなくの人間関係しか生まれません。そういう意味で、**今あなたがつきあっている人たちは、あなたを映す鏡**でもあります。

だから豊かな人間関係を築けるかどうかは、あなた自身の生き方に関わっています。

あなたが人生で大事にしているもの、叶えたいことが明確になればなるほど、必要な人がわかってきます。そして、大事な人と一緒に本当にやりたいことを実現できる、自分らしい人生が送れるのです。

2 ずっと続いていく人間関係とは？

真の交流はお金の損得では生まれない

ここまで読み進めてみて、「自分にも本当の仲間がいる！」とか「そうだ。あの人ともっと話をしよう」などと思った人も多くいると思います。

そういう種類の人を思い浮かべてみると、気づくことがありませんか。

それは、深い結びつきのある人との関係はみな、お金が介在するものではないということです。共通の**夢を叶えることがお互いにとって最大の関心事**なので、それ以外のことはあまり重要ではなくなるのだと思います。

そして、意外に思うかもしれませんが、ビジネスの世界でも実は同じなのです。

私の場合、起業時のパートナーやジョイントする相手がそうでした。

ビジネスの世界は当然ながら「儲けてナンボ」の世界。利益を出すということについては、私も相当キビしく論理的に考えてやっています。

ですが、基本的に儲かればなんでもいい、という考えはありません。立ち上げたビジネスの目指す過程やゴールにワクワクすることしかやらないのです。


たとえば今、インターネットを使った美容室の集客を手がけていますが、これは私が通っていた美容室のコンサルティングを無償で始めたことがきっかけになっています。

とてもよい技術とサービスを提供してくれていたので、もっとたくさんの人がこの美容室のことを知り、お客さんが増えれば私も嬉しいと感じたのです。

美容・ファッションの分野は私も好きなので、やっていて楽しいこともありました。

ここで私が始めたマーケティングの結果が他社の目にも留まり、今では全国から美容室集客の依頼案件が舞い込んでいます。美容室は地域向けビジネスですから、商圏がかぶらない限り、たくさんのサロンのお手伝いが可能なんですね。

インターネットを使ったマーケティングは私の一番の得意分野なので、これはとても嬉しいこと。

自分がいいと思った商品やサービスが、私のお手伝いで多くの人に広がっていきます。

私にとっては、眠れないほどワクワクが止まらない仕事のひとつなのです。

ですから、仕事を一緒にやるパートナーも、私の願望を共有できる相手でないといけません。これまでも報酬と引きかえに仕事をやるのではなく、自分たちが納得するまでこだわって良いものを提供したい、という人としか仕事をしてきませんでした。ベストを尽くさないと本当にいい仕事にはならないし、何より私自身が楽しくないのです。

私がそういう人間なので、次第に同じような仕事観を持つ人だけが周りに集まってくるようになりました。集まったメンバーは、必ず「また一緒に仕事をしたい」という相手になるし、仕事を超えたつきあいになることもしばしばあります。

WIN-WIN幻想の末路

よく、いい人間関係を表す言葉に「WIN-WIN」というものがあります。しかし私は、これはある意味で幻想だと思っています。WIN-WINが損得や金銭のことを表すだけならば、**どちらか片方がWINでなくなったとき、そこで両者の関係は終わってしま**

うからです。人と長いつきあいを続けるなら、そんな概念は息苦しいだけの枷《かせ》になります。

「WIN-WIN」思想は、聞こえはいいですが、私の行動原理である**「ワクワク」とか、やりたいこととの追求とはちょっと違う、ドライで醒《さ》めた価値観に過ぎない**と思います。


あるカフェを例にとって考えましょう。

店主が新しいサンドイッチを考えてメニューに追加したとします。そこにやってきた常連のお客が「お、新しいメニューね！」とお金を払って新商品を食べてみます。商品と代金。お店は儲かり、お客はお腹《なか》を満たす。

これはわかりやすいWIN-WINの関係ですね。

ところがその客がその新サンドの味に満足しなかったとしましょう。

でもお客は長い間この店の固定客で、お店自体はとても気に入っているので「まずかったのでお金を返してよ」とは言いません。

「ちょっとソースがイマイチ。次回、期待してるよ」と言って帰ったらどうでしょう。

その一回の食事については、WIN-WINが成り立っていませんよね？　それでもこの常連客はまたやってくるでしょうし、マスターもソースを改良するでしょう。両者の関係はその後も良好に続くのです。

これは、アーティストとファンの関係でもそうです。

好きな歌手の新曲が出て、あるファンがさっそくスマートフォンでダウンロード購入しました。

ん……なんだかいまひとつよくない。前の曲のほうが好きだった。

そう思っても、それだけでファンをやめる人はいないでしょう。それは、自分の感性に合った今までの楽曲とアーティストへの信頼があるからです。

もうひとつ、会社の上司と部下の例を出しましょうか。

上司は、基本的に部下に仕事を教えるものです。代わりに、自分のやってもらいたい作業を指示します。部下は指示に従ってなんでもやる代わりに、仕事を覚えることができます。また、自分の働きぶりを上司に評価・査定してもらいます。

このとき、仕事ができないからといって部下を切り捨てたり、マイナス評価をするような上司は、ＷＩＮ-ＷＩＮ的な発想を持っているのかもしれません。

しかしここで、たとえミスが多く今は期待以下の戦力でも、部下のやる気と根性を感じてくれて、期待値を加味した査定評価をしてくれるような上司はどうでしょう。短期的には、上司は何の得もしていません。ですが、そんな上司のほうが部下から間違いなく慕われると思いませんか？

部下は、頑張りを評価してくれた上司に感謝し、いつか仕事で恩返しをしたいというモチベーションが湧いてくるもの。

こうした人間関係のほうが、WIN-WINで割り切った人間関係よりも長く続き、お互いに成功しやすいものです。

真の関係はWIN-LOSEを許す

相手と接するとき、単純なWINや目先の利益を追うのではない関係を、あなたはどのくらい持っていますか。

本当に結びつきの強固な関係は、ときにどちらかが「負けている」ことがしばしばあります。それでも互いに離れていかず、側《そば》にいるような関係。損を被っても「しょうがねぇなー、こいつは」と笑って許してしまうような関係。それが、本当に価値のある人間関係ではないでしょうか。

夫婦などは、そのいい例。

「こいつと結婚したら、こういう利益があるから」などと考えて相手を選ぶ人は、まずいませんよね。多少の計算や胸算用《むなざんよう》もあるかもしれませんが、いざ決断に踏み切るときは、そういうことは超越しているもの。結婚相手の選択は、ある意味、非合理の極致かもしれません。

友人関係においても、とても対等とは言い難い不思議な関係があるもの。どちらかが「俺がいないとこいつはダメ」と言いながら一方的にフォローしているかと思うと、時間の経過でそれが入れ替わったりすることもあります。

短期的な損得勘定ではなく、**お互いが「負け」を許し合って**つきあっている。それが真の友人というものじゃないでしょうか。

仕事の現場でも、こうしたことがときどき起こります。

私はインターネット起業家として活動する前に、サラリーマンをやりながらバンドでメジャーデビューするという、一風変わった経験を持っています。そんな、二足の草鞋《わらじ》を履いて生活していたときのこと。

ライブやレコーディングにいつもサポートで参加してくれたキーボーディストのスタジオミュージシャンがいました。彼は、私のバンドの志向とノリに共感してくれて、「このバンドが世に出て売れたらすごく面白いよね」と、いつも一緒に活動してくれていたのです。

ところが、後々わかったことで、びっくりした話がありました。

当時、所属していた事務所のお金回りが悪く、彼へのギャラを1年間も未払いで滞留していたというのです。ということは、1年以上もの間、彼はノーギャラで私たちのバンドにくっついて演奏をしてくれていたのです。

バンドのメンバーでもないのに、普通は考えられないですよね。価値観が共鳴したもの同士でないとあり得ないことです。一発あてて金持ちになりたいというのではなく、**共通のビジョンにワクワクできる空気と情熱がそこにはあった**のです。

私はそれを聞いて、とても驚いたのと同時に、胸がじーんと熱くなりました。

その後、バンドは売れずに活動を休止したのですが、そのミュージシャンには、また別の機会に仕事を頼むことがありました。一度でも目標を共有して一緒に動いてくれた方には、また会いたくなりますし、何かあれば真っ先に声をかけようと思うのが人情です。

それが、ずっと消えることのない本当の人間関係だと思うのです。

お金や利害だけではない**思いや行動が、どれほど人を動かすか**を私は知っています。WIN-LOSEになってもお互いに許容できる、認め合う人間関係こそ価値があります。WIN-WIN思想が大好きな人たちを思いきり敵に回すかもしれませんが、私は心の底からそう思うのです。

3 必要な関係は、求める前に与えられる

人生の転機は人によって与えられる

今の私は毎日やっていることが楽しくてしかたありません。平日も休日も関係なく、好きな時間に仕事をしていますが、家族との時間もたっぷりとっています。長男がまだ小さ

いので、家にいるときはパソコンで仕事を進めつつ、合間に子をあやしたり遊んだりしながら作業をすることもあります。

私にとっての仕事は、会社員時代と違ってすべて自分で選んだやりたいことばかりなので、仕事という意識が限りなく希薄です。遊びなのか仕事なのか、境界線があまりありません。そもそも私は、会社で営業やマーケティングをやっていたときから、商品を多くの人に売ってお金が入る、という仕組みを考えること自体が好きだったのです。

こうした仕事をするかたわら、バンド時代の仲間の活動をあらためてプロデュースしたり、自分のここまでの半生を本に書いて出版し、その講演会で全国を回ったり、日々楽しいことばかりです。

でも、自由にやりたいことが、ある日急にこんなふうにできるようになったわけではありません。それまで、食べていくためにごく普通のサラリーマンをやって、**試行錯誤しながらいろんなことにチャレンジしてきた**のです。

ここに至るまでの間には、人生を変えてくれるような、大きな節目になるチャンスと、驚くような出会いがありました。有力な人や自分より格上の人に目をかけてもらったり、手を引っ張ってもらうという体験を何度も味わったのです。

それは、たとえばJリーグの弱小チームで地道にプレーをしていたら、急に日本代表に招集されたような大抜擢《ばってき》の瞬間。習い事の世界なら、お師匠さんや家元に声をかけられて、すぐ側でアシスタントをやってくれないか？　と頼まれるようなチャンスです。

会社でも、ときどきありますよね。直属の上司でなく、さらに上の部長クラスから突然声がかかって、大きなプロジェクトを任されるとか。

こういう機会があると、住む世界の風景が一変するようなステージに上がります。

格上の**人に引き上げてもらい、その機会をモノにすること**で、私は徐々に成長してこられたのです。恩人とも言える先輩たちのこうしたはからいがなければ、今のような自由な人生を歩くことはできなかったでしょう。

チャンスの種はどうやって掴む？

では、こうしたラッキーはどうしたら起こるのでしょう。有力な人や憧れていた人から目をかけてもらい、特別な人間関係を結ぶにはどうしたらよいのでしょうか。

実は、こうした出来事は、単なるラッキーに見えるようで、そこには**必然的とも言えるチャンスの法則**がはたらいています。


以前、講演会でお話ししていたときに、聴衆の方にこんな質問をしました。

「自分にとって有益と思う人と出会うために、あなたはどんな行動をしていますか？」

すると、

「異業種交流会に出かける」

「同業者の集まりに顔を出す」

「会った相手にまた会いたいと思われるような振る舞いをする」

「こういうことができる人がいたら知り合いたい、と友人に紹介をお願いする」

「ブログ上にコメントを残したり、ファンメールを送る」

などといった声があがりました。


第1章のリストで私が主張してきたこととは、まったく正反対ですね。

残念ながらこのような努力をしていても、格上の人に目をかけてもらう機会はまずありません。

憧れの人と繋がるのにも、ちゃんと法則があるのです。

それを解き明かすために、私のいくつかの体験談を簡単にご紹介しようと思います。

自分ひとりでは実現不可能だったことが、天から降りてきたはしごに掴まって登ることで叶うようになった軌跡を読んでみてください。

手を差し伸べてもらう人になれ

今の私を知る人は、インターネットでマーケティングをする達人と思ってくださっている人が多いと思います。しかし私の最初のスタート地点は、ヤフーオークション（現ヤフオク！）や輸入品の販売業です。

最初のうちはもちろん、サラリーマンとの兼業。第1章で語ったように会社でのつきあいを最小限にして時間を確保し、サイドビジネスに熱中していました。

コツがわかり、地道にやっていると確実に稼ぎも利益も増えていくのですが、その上昇はなだらかなものです。短期間で**ビジネスの規模を大きくするためには、飛躍する節目と**

いうものが必要になります。1段ずつ登っていた階段をフロアごとジャンプするような瞬間です。

ふり返ってみると、過去に3度ほどそういう局面がありました。どれも、私より遥《はる》かに格上の人から手を差し伸べられた出来事です。

1度目のきっかけは、販売業だけのビジネスからの脱出でした。

どんな仕事でも、ある程度まで頑張って実績を積むと、自分の業績があがるだけではなく人にそのノウハウを教える立場になれます。特にインターネットの世界は変化が速く参入者も多いので、他の業種の何倍も早く「達人」になれるのです。だから、教えるスキルが身につけばすぐに先生として仕事をすることが可能になります。

この「教える側」へシフトするチャンスを、格上の人たちが私にくれたのです。

私がいただいたひとつ目のジャンプアップは、ショップ運営をするにあたって身につけたインターネット広告活用法のスクール講師という立場でした。先輩起業家からお誘いを受け、ありがたく務めさせていただきました。先生として活動した初めての体験です。

次のステップは、ネットショップ教材の執筆です。

当時私が教えを乞《こ》うていた輸入ビジネスの第一人者、船原徹雄さんにオファーをいただき、共著という形でビジネス教材を発表。これが多くの支持を得たため、私は単なる一ショップ運営者からネットショップ教材の作者になりました。当時すでに数万人はいた船原さんのお客さんたちにも、私の名前が一気に知られることになったのです。

最後は、メールマガジンを使ったマーケティングのセミナーに、先輩起業家から講師として招かれたことです。たった一日のことですが、それまではせいぜい50人くらいの規模でしか講師をしたことがなかった私が、700人で埋まった会場でお話をしました。

このセミナーの様子は録画され、その後ネット上のキャンペーンを通じて1万5000人もの人に見てもらうことになりました。このセミナー映像によって、今度はメールマガジンを活用して商品を販売する達人として一気に世間に認知されるようになりました。

この3度の機会は、その後のステップアップに大きく影響しました。収益面からみても、それぞれの機会の後、段違いでアップしています。

それまで運営していたネットショップでは、どんなに頑張っても粗利が3割を切っていました。当時、月に390万円を売り上げるネットショップを持っていましたが、粗利は100万円くらい。ところが、ネットショップの教材は、王道的な内容でロングセラーの地位を確立し、今までに累計1億3000万円を売り上げています。しかも原価がほとんどかからないので、ネットショップ運営に比べて非常に効率がよいのです。

この一連の動きで、私は一介のビジネスプレーヤーから、ビジネスを教える講師側の人間として一気に知名度があがり、収入もあがりました。

この3つの出会いは、「ビジネスを教える」というスタンスを確立できた、大きなきっかけ。その**チャンスを提供してくれた人がいなければ、今の私はない**わけです。

メジャーデビューは「見つけられた」結果

CDデビューも、この例にもれず、外部からの引き上げによるものです。

私はもともと中学、高校と吹奏楽部で練習に明け暮れ、音楽に浸《つ》かった青春時代を送っていました。そして新潟にいた大学時代、ギターを持って歌いたくなり、ふたり組でのライブ活動を積極的にやり、地道にファンを増やしていたのです。

その頃、人づてに音楽事務所の紹介を受け、東京で全国オーディションの最終選考に参加しました。結局このときはデビューできなかったのですが、選考時にソロで参加していた実平《さねひら》君という男と出会いました。私たちはとても意気投合し、それから友だちづきあいが始まったのです。彼は後に雑誌「ＪＵＮＯＮ」のスーパーボーイコンテストのロックボーイ部門で優勝し、ソロデビューも果たしました。

出会いから数年後、私は就職のため上京しました。すでに芸能活動をしていた実平君と、会社員の私。お互いの生活スタイルはまったく違っていましたが、音楽という絆《きずな》で繋がっていた彼とちょくちょくプライベートで遊んでいるうち、自然に一緒にバンドをやろうという話になりました。メンバーを集めて土日を中心に代々木公園でストリートライブをやったり、ライブハウスにお客さんを呼んだり、という活動をサラリーマンをやりながら始めたのです。

そんなある日、いつものように路上ライブをやっているところを、ある音楽事務所の方にスカウトされました。そして、そこからメジャーデビューの話がトントンと決まっていったのです。

タイミングというのはホントに不思議なもの。

私にとって実平君は、利害を超えて夢を共有できる同志でした。音楽という共通言語を持ち、**同じワクワク感を共有できたからこそ**オーディションで出会えたし、その後も交流を続けていけたのだと思います。

ちなみに、デビューしたときのプロデューサーは関ジャニ∞の「ズッコケ男道」や上地雄輔さんの「たんぽぽ」を作曲したピエールさんと、「19（ジューク）」という人気デュオのひとりだった岩瀬敬吾さん。おふたりは、以前の事務所で実平君が目をかけてもらった人たちです。実平君との関係からご縁ができた方ですが、岩瀬さんとは会社員時代もランチをご一緒したりと、よいおつきあいをさせていただきました。昼休みの間に会社以外の人と話したりできたのも、めぐりめぐって業務に関するモチベーションアップに繋がったと思います。

路上スカウトからメジャーデビューへの流れも、完全なる「他力」。実力者から声をかけてもらうことでチャンスを掴みました。

当時の私たちは、特にメジャーデビューを目指していたわけではありませんでした。だからデモ音源をレコード会社や芸能事務所に送るなどの活動は一切やっていません。好きな音楽をやるためにバンド活動をして、多くの観客に聞いてもらうことが、純粋に楽しかったのです。

今思えば、心の底から楽しんで自分たちを表現していた私たちの姿が、スカウトの日に新鮮に映ったのかもしれません。

残念ながら、デビュー後に大ヒットを飛ばして一躍人気者！　とはいきませんでした。でも私自身、まさか自分がサラリーマンをやりながらメジャーデビューできるなんて想像だにしていなかったので、本当に楽しかったし貴重な経験になりました。

外から見ると一見派手な成功やチャンスのきっかけも、意外とこんなものです。はじめから**「こんなことは自分にはムリ」なんてあきらめないで**ほしいと思います。私はどんな場面でも、驚くような特別なことは何もしていないのですから。

自分から手をあげない成功術

思い返すと、学生時代もサラリーマン時代も、遊びや仕事の区別なく、私の行動パターンは一貫していたかもしれません。

営業部でトップセールスを達成して社長賞をいただいたこともありますが、これもふり返ってみれば、きっかけは自ら動いたことではありません。

当時私は、Amazonというネット通販の大手を担当していました。成長期の企業だったため業績を100億近くまで拡大することができて、その功績として社長賞をいただきました。

これは、私自身ももちろん努力しましたが、実はそれ以上にうまくタイミングに乗ったことが明らかに大きい。しかも、自分から担当を志願したわけではなく「この取引先は、小玉がやれ」という上司の指示によるものでした。

おそらくその実績が評価され、社内でも人気の高いマーケティング部からお声がかかり、異動することになりました。周りからは羨《うらや》ましがられましたが、これも私が自分から行かせてくださいと言ったわけではありません。

こうした経歴のおかげで、ずっと東京の本社勤務でいることができました。通常2、3年での異動が多い上場企業では、非常に珍しいことです。だからこそ、仕事をしながら東京でバンド活動もできたんですね。

運がいい、ラッキーだったと言ってしまえばそれまでです。が、今ふり返って客観的に当時の自分を見ると、その**運を掴むために、たとえばAmazonを担当したことであれば、「これからの有望顧客を小玉ひとりに任せても大丈夫」と思ってもらえるような仕事を積み重ねてきたこと**が背景にあったのではないか……。その後、マーケティング部に在籍していたときも、そこで結果を出していたから本社に留まり続けることができたのだと思います。

もしかしたら、社内では順調な出世コースに乗っていたのかもしれません。結局は副業での活躍がバレて、あっさりと会社を辞める結果が待っていたわけですが。

直属の上司さえも味方に

すでにお伝えしたとおり、私は他の同僚と横並びの行動をしない自他ともに認める自由奔放《ほんぽう》な社員でした。

その代わりに仕事のツボはしっかり押さえて、誰にもひけをとらない成果や実績を残すように心がけていました。仕事には抜かりがないよう配慮しながら、どうでもいいと思うつきあいごとには一切顔を出さなかったんですね。

そのうちに、いつも直属の上司が私を擁護する側に回ってくれていることに気づきました。

つきあいの出席率がとにかく低いので、たまに宴会に出ると「小玉が来るらしいぞ！」「えっ。じゃあ今日は行かなきゃ」という会話が飛び交い、会社行事における天然記念物のような扱い。そんな私を上司が「まぁ、小玉だからしかたないよ」とフォローしてくれていたようなんです。

直属の上司との関係が悪いとこうはいきません。行動の自由も認められないし、評価・査定も悪くなるのが当然。成長株の取引先を任せられたり、社長賞を受賞できたり、人気部署に異動……という流れにはならなかったでしょう。

当時は意識していたわけではないのですが、冷静に考えると直属の上司の影響力は大きいと思います。会社員が社内でどれだけ快適に過ごせるかのキーマンと言っていいでしょう。

とはいっても、これは上司に対して変にへりくだるとか、ヨイショをして気に入られよう、という話とはまったく違いますので、カン違いのないようにしてくださいね。

直属の上司は、普通は一番身近にいる存在です。私は、よく意見がぶつかることもあり、最初は「生意気で扱いにくいヤツだ」と思われがちでした。ですが、幸運なことに、裏表がなく自分を曲げない私の性格を最終的には理解してくれて、私の自由なスタイルを守ってくれていた節があります。

だから、好かれようと近寄っていく必要はないのです。上司が、**こいつなら手を貸そう、助けてやろうという気持ちになるような部下であること**です。そのためには、仕事に対して真剣に取り組んでいる姿を見せるのは最低限必要なこと。さらに、そのうえで結果を出すことが求められます。

直属の上司というものは、あなたのほうからは選べません。けれど、自由に離れることもできません。そういう関係は、家庭での親の存在と似ているかもしれませんね。親代わりとまでは言いませんが、歳《とし》の離れた兄貴か親戚の叔父さんくらいの感覚で接しておくとよいと私は思っています。

極端に言うと、その他大勢の上司や先輩の評価は最低でもかまいません。直属の上司から評価されていれば、あなたの会社での過ごし方はずいぶん楽なものになるでしょう。

そして、この**直属の上司の評価というのは、会社でのあなたの仕事ぶりを測るバロメーター**にもなります。あなたが筋の通った仕事ぶりを見せていれば、上司とも良好な関係になるはず。反対にあなたの仕事がうまくいっていない場合、上司ともしっくりいかないでしょう。

だから直属の上司との関係は、社会人としてのあなたを映す鏡なのです。

目立てば向こうから見つけてくれる

ここまでお伝えしてきたように、あなたをより高いステージに引き上げる出来事には、必ず一定のパターン・秘密があります。

それは、あなたが自分から会いに行くのではなく、相手から見つけてもらうこと。情熱を傾けている分野で、成功者や憧れの人のほうから、あなたに興味を持ってもらうことがベストです。

ですから前提として、あなたが**目標を持って頑張っている**ことが必要不可欠です。

憧れの相手にあなたが知られるためには、ある分野においてあなたが特に目立っている必要があります。すると、勝手に相手はあなたのことを知ります。そして、あなたに興味を持ってくれるようになるのです。

大切なのは、憧れている相手をあなたが「知っている」状態ではありません。あなたを引き上げてくれる方から、あなた自身が「知られている」状態です。

あなたが「知られている」状態になると、あなたの知らない実力者さえも力になってくれることがあります。自分の知らないうちに、味方をつくることができるのです。

このことから、真に有意義な人とのつきあいや繋がりは、自分が意図してつくるものではなく、準備ができたときに自然に「生まれるもの」だということがわかります。

あなた自身に引き上げられる準備ができていないのに、無理に有力者に会いに行っても間違いなく空振りして寂しい思いをするだけです。自分に足りないものを外部の人に求めるのではなく、まずはあなた自身が自分を満たさないといけません。

やりたいことをとことん極めて、**自分を磨いていくことが先決**なのです。

憧れのあの人にとって、あなたは大勢の中のひとり

私は、自分が格上の人に声をかけられるような存在になるまでは、むしろ**有力者には会わないほうがいい**のではないかと思います。

「ずっとファンでした」「一緒に写真を撮ってください」「名刺交換をお願いします」そんなことを言っても、相手はあなたのことを覚えてはくれません。

有力な誰かと知り合いになるために、せっせとセミナーや交流会に顔を出している方がいるなら質問します。これまでにそういった会で名刺を交換して、セミナー後に講師があなたに連絡をしてくれたことがありますか？

2年ほど前、私が今のビジネスを始めた駆け出しの頃のことです。

ちょっと憧れていた有名起業家K氏のセミナーに出席し、その後の懇親会で名刺を渡して挨拶をしたことがあります。その方のビジネス教材を買っていたし、私のメルマガで紹介もしていたんですね。

しかし、その起業家K氏にとって私は、大勢いる購入者やファンのひとりに過ぎません。「ああ、そうですか。ありがとうございます」と、当然ながら社交辞令的な会話以上に話は弾まず、寂しい思いで帰ったことを覚えています。

それ以来、私は相手が自分より遥かに格上だと思う場合は、絶対に自分から名刺交換などしませんでした。名刺をもらったところで、何にもならないからです。

ところがその後、私がインターネットのマーケティングビジネスで急成長することができて、ある程度名を知られるようになると、なんとそのK氏からのお声掛けでジョイントセミナーを開く機会が訪れました。尊敬していた先輩経営者と一緒にビジネスの企画ができるようになるなんて、かつての私にとっては考えられない嬉しい出来事です。

セミナー前に昔の名刺交換のことを私は伝えましたが、当然のようにK氏は覚えていませんでした。

彼が冷たいわけではありません。著名人には多くの支持者やファンがいるので、そうならざるを得ないのです。当時の私などは**まったくのOne of themに過ぎない**のですから。

おかげさまで講師をさせてもらう側になった今の私には、わかります。

だからあなたが必死で渡した名刺だって、セミナーが終了して講師がオフィスに帰れば、おそらくは一度も顧みられることはありません。ひどいときにはすぐに捨てる講師もいるようです。講師にとっては必要のない名刺なのですから、しかたないのかもしれません。

口をきいただけで大物と知り合いになったと錯覚するイタい人々

あなたが、著名な方と「ひと言口をきいた」「名刺を交換した」ということで満足ならいいのですが、本当はそうではないはず。アイドルタレントの握手会やサイン会とはワケが違うのですから。

ところが、有名人や著名人の名刺をコレクションしてすっかり悦に入っている方というのが世の中には存在します。それでは単なる「名刺コレクター」「挨拶マニア」です。

いろんな交流会やパーティに出かけては知人を介して有名な方に挨拶をさせてもらい、記念写真を撮ってはブログなどにアップし、さも著名人や経営者と面識があるかのように自慢げに吹聴する人々のことです。

「著名人と繋がりがあると本人が思い込んでいるだけで、実は**一方的に知っているだけというカン違い**」であることが多いので、見ていて本当に可哀想なものです。そういう人に限って、二言、三言と会話をしただけで有頂天になってしまい、それを自慢げに他人に語ります。

「俺さぁ、あの会社の○○社長を知っているんだけどさ……」（実は上司に同行した際に名刺交換しただけ）

「こないだ飲み会であの○○さんが言ってくれたんだけどさ……」（実は懇親会でたまたま向かいに30分座っただけ）

などと言っては、自分に酔っています。

本人は得意なのかもしれませんが、周りは「それで？」という感じで冷やかに聞いているもの。有名人の近くにいただけで舞い上がってしまい、知り合ったことで**自分も成功者の仲間入りをしたとカン違いしている**おめでたい人なのです。

教えを乞うなら一番になれ

交流会や講演会などで格上の人に挨拶をしても無駄、という話はしました。でも、どうしても有力者に可愛がられたいというときに鉄板の方法が実はひとつだけあります。

それは、お金を払ってその有力者の生徒になるという方法です。

もちろん相手の方がそういったスクールや講座を持っていたら、の話ですが。

専門のスクールを運営している相手なら、そこへ入学して接点を持つことは有効です。

ただしその際は、**先生の教えを、誰よりも忠実に、誰よりも早く、誰よりも懸命に実践して結果を出す**ことに意識を集中しなくてはいけません。そうしないと、たくさんいる生徒のうちのひとりにしかならないからです。生徒の中でダントツに成果をあげることができれば、あなたは先生の目に留まり、特別な扱いを受けられるようになります。

自分の教えを守り、結果を出している生徒は可愛いもの。また、教える側にとっては、成功した生徒はスクールの実績として看板に出せるというメリットもあります。そこからあなたは先生のアシスタントを任されるかもしれないし、生徒のコーチ役に抜擢されるかもしれません。先に書いた私の経験のように、プレーヤーから教える側のステージへ飛び級ができるようになるのです。そこでもしっかり務めれば、あなたは先生からパートナーとしての信頼を得て、大事な仕事を任されるチャンスも生まれます。

ひとつの分野で秀でた人は、誰かを引き上げたいという願望を持っています。それが自分の教え子であるに越したことはありません。

これが「先生と生徒」という関係から入って意図的に有力者に近づく方法です。自分もスキルアップでき、同時に大切な繋がりも得られる方法ですね。

ただし、これを実践するのであれば、くれぐれもスクールの中でその他大勢になることのないように気をつけてください。

大切な関係は、自分から求めるな

豊かな人づきあいは、成功したり充実した人生を送るためには不可欠な要素ですが、だからといって、まず**有益な人間関係を構築しようというのは順番が逆**なのです。

例外として有力者の教え子になるという方法を紹介しましたが、生き生きとした人生を送りながら、目標に向かっていく過程で必要な人脈と出会う――。

それは基本的には、自分が活動をしていく中で自然と発生することです。意図して大切な人に出会うものではない、と私は思っています。

だから、むやみやたらと関係を広げるのではなく、**まずは自分のやりたいことを見極めて、そこに全力で集中**したほうがいいでしょう。

とても逆説的な話ですが、本当に価値のある友人・知人を得るためには、自分から探しに行ってはいけないのです。

以前、認知科学者の苫米地英人さんと対談させていただきました。先生の著作の中で、**世の中にあるモノはすべて自分のもの**だと思ってしまえばいい、という件《くだり》がありました。

洋服屋さんにある服も、ショールームにある高級外車もすべて自分のものだけれど、一時的にお店に預けてある、というふうに考えるのです。そうすると、欲しいのに手に入らないという欠乏感から解放されて豊かな気持ちを味わえるという内容です。

同じように、あなたが知り合いたいと思うような素敵な人とは、もうすでに繋がっていると考えましょう。

準備ができたときにあなたはいつでもその人を呼び出せる。だから今会いに行く必要はないし、ましてパーティなどで不特定多数の人と一緒になって挨拶をする必要もない。

そして、すでにあなたは自分にぴったりな人たちとも繋がっている。

だから、あとは好きなことを思う存分やればいい。

そう思い込んで信じること。これは暗示でもなんでもなく、実際に私はそのとおりだと思います。

好きな人とだけつきあっていい

大切な人間関係はすべて、ごく普通の友だち同士のごとく対等な立場での自然な喜びや分かち合いの中で生まれるもの。

極論を言ってしまえば、**好きな人とだけつきあえばいい**と私は思います。我慢してまで嫌な人や興味のない人とつきあう必要はまったくありません。不要な関係はばっさりと切りましょう。

もちろん会社勤めなどをしていれば、多くの人と関わらなければいけないので嫌な相手でも接触をまったくゼロにすることはできません。営業職であれば、嫌でも取引先とつきあうことがあるでしょう。

しかし、**苦手な人との関係を改善する努力は不要**です。こちらが苦手と感じていることは相手も感じています。それはそのまま深掘りしないほうが、お互い無駄なエネルギーを使わないですむのです。

さらに、嫌な相手と無理にうまくやろうとしても、あなたが本気の力を出せるわけがありません。心の奥で「この人とやるの嫌だなぁ」と思いながらやっていて、良い結果が生まれるわけはないのです。

私もかつて、成行きで気乗りしない方と一緒にビジネスをやる羽目になったことがありますが、結果は当然のごとくパッとしないものに終わりました。

それに比べて、気の合う仲の良い人と一緒にやった仕事は、飛躍的に結果が変わります。惜しみなくエネルギーを出すことができて、お互い高め合って作業ができるからですね。

だから、あなたが誰かと組んで何かを新しく始めるときは、一緒にいて楽しく、波長の合う方とやるのが成功の必要条件です。たとえどんなに好条件を提示されたとしても、「この人とはどうも肌が合わない」という人とは決して一緒にやってはいけません。ほとんどの場合、不幸な結果に終わります。

ビジネスは**「何をやるか」より「誰とやるか」で成否が決まる**、と断言する人もいるくらいなのです。

私たちの人生はただでさえ限りあるものであるのに、会社や仕事によって侵食されています。

ですから、仕事以外の自分で自由にできる時間には、**好きな人とどんどん会ったほうがいいし、空いている時間には好きなことからやったほうが絶対に後悔しない**お得な生き方ができます。食事をするときも、好きなものから箸《はし》をつけるべきでしょう。

人間関係は「合わない人は合わない」「嫌いな人は嫌い」と割り切って、今のあなたの人生を楽しく豊かなものにすることに、時間とエネルギーを集中させましょう。

思ったことをただやるのが人生の極意

ここまでのことをまとめます。

自分が心からやりたいと思うことを、それに賛同した気の合う仲間と面白おかしくやっていくこと。これに勝る幸福も、人生の勝利もないと私は思います。

2011年に亡くなったApple社の創業者スティーブ・ジョブズは、起業した当初からとてもぶっ飛んでいて、傍《はた》から見るとめちゃくちゃなことを言っていました。最近では

Facebookの創設者で、若くして巨万の富と地位を得たマーク・ザッカーバーグも同様です。周りから「あいつおかしいんじゃないの?」と言われるくらいの強烈な主張を持って、自分のやりたいことを通してやった人です。

ふたりとも、自分が思いついたことを曲げずに実現していき、巻き込まれた周りの人々がついていったのです。

当初は、おそらく反対者や批判者はその10倍以上はいたでしょう。しかし**大事なのは、自分のやりたいことを表明したときに、ついてきてくれる人々**のほう。

あなたが何も言わず、行動にも移さなければ、これらの賛同者や仲間は永遠に見つからないままなのです。

私はサラリーマンから転身した起業家として、この1年くらいの間に成功者と言われる人に会う機会がとても増えました。彼らに会ってつくづく感じることは、仕事ができる人や何かを成し遂げる人には、相当な割合で自己中心的な人が多いということです。

普通の「できる人」は、周りに気配りができて空気を読める人ですが、「すごくできる人」は、まったく空気を読まず自分の満足を追求できる人です。そして、今の時代はそのくらいでないと、120パーセント自分の人生を生きることは不可能なんじゃないか、と考えます。

以前聞いたことのある話に**「世界でもっとも幸せな人は誰か?」という問いの答えは、「世界で一番幸せだと思い込んでいる狂人だ」**というものがあります。

元気のない組織や人は、ルールやマニュアル、体面を守るためだけに仕事をして、枠をはみ出すことができず、周りに気を遣うことに疲れて、どんどん弱体化している気がします。

会社のルールを破って副業で1億円を稼いでしまった私は、おかげで組織からはじき出されましたが、今、ずっと自分らしい人生を送っています。

側にはいつも、心から信頼できて同じ理想に向かう仲間がいて、一緒に前に進んでいるので、とても幸福を感じます。

第4章

大切な人に出会うための
アクションプラン

ここまで読み進めてきて、人間関係をスリムにすること、やりたいことを明確にすることの大切さはおわかりいただけたかと思います。

とはいえ日々の「やらなければいけないこと」に追われていると自分のやりたいことを見失い、「そもそも自分はいったい何がしたいんだっけ？」と思う人もいることでしょう。

ですので、この章では、最初にあなたのやりたいことが見つかるとってもおきのワークをご紹介します。

これは、1章でお伝えした携帯端末データ消失事件からヒントを得て編み出したもの。

あなたが**本当にやりたいことを発見できると同時に、過去の人間関係の棚卸しと整理が簡単にできる**という優れたワークです。

自分がやりたいことがわからない、あるいは決まっていない、という方は、まずこのワークでそれを発見してください。

『携帯データのスリム化&やりたいことを見つけるワーク』

1．まず、ここ1ヵ月〜3ヵ月くらいの出来事・イベントを箇条書きにします。仕事もプライベートも合わせて、「誰と」「どこで」「何をした」というリストをつくってみてください。

1クォーター（3ヵ月）くらいのリストを書き出せればベストです。人によってはけっこうな量になるかもしれませんね。

2. 次に、その中であなたがあまりワクワクしなかったことや、面白くなかったことを消していきます。

注意点としては、一緒にいた人ではなく、出来事、やったことの印象ベースで考えてみることです。

このワークをやって、消されずに残った人があなたの同志になり得る人です。なぜなら、これらの人は、やりたいことがあなたと本当に近い、もしくはワクワクするポイントが近い人だから。私はそういう関係こそが本当の太い繋がりだと思っています。

そして、ワークで残った出来事は、あなたが本当に心からやりたいことに近いか、やりたいことの延長線上にあることです。

やりたいことを見つけるワーク　例

日にち	誰と	どこで	何をした
○月×日	~~友人A~~	~~新宿~~	~~合コン~~
○月△日	彼女	ディズニーランド	デート
○月□日	同僚B	渋谷	飲み会
○月◎日	~~先輩C、同僚D~~	~~恵比寿~~	~~打ち合わせ兼飲み会~~
○月●日	~~取引先E社課長、係長~~	~~新橋~~	~~接待~~
○月▲日	友人A、F、Gほか	渋谷	高校の同窓会
○月■日	彼女	渋谷	デート（買い物）
×月○日	同僚B、D	市ヶ谷	釣り
×月△日	友人H	原宿	ライブ

この方法を私の友人・知人にも試してもらいましたが、なかなか精度が高いようです。これをもとに人間関係を見直したら大切な気づきがたくさんあった、と言ってくれる方が非常に多く、加えて携帯の連絡先データが非常にすっきりすると評判です。

そしてなにより、多くの方から**「本当に大切な人は身近なところにいることを再認識した」**という感想をいただきます。あらためて、大切な人との関係を深めるのにワークがよいきっかけになったという声もありました。

あなたに必要な人は、すでに周囲に揃っているものなのです。

徹底して遊べば新たな繋がりが生まれる

私はこの本で、仕事では「無駄なつきあいを省いて最低限の時間で切り上げろ」と再三お伝えしました。しかし、あなたが心底ワクワクを感じて熱中できる遊びの時間は、とことん味わい尽くしてほしいと思います。

本当の人間関係や人脈というものは、交渉術や人心掌握術のようなノウハウを使った打算的な繋がり方ではなく、限りなく友だちに近い関係だと私は思います。

世界のトップ4パーセントに入るようなお金持ち層、いわゆる成功者に交友関係をお聞きすると、たいてい、同じような富裕層の友人とバーベキューをしたり、ゴルフに行ったり、モナコにF1グランプリを観戦しに行ったりなどと、遊びの時間を共有することがほとんどだと言います。そして遊びながら、自然とビジネスの話もしてしまうのです。

上辺だけを見ると、「お金持ちは優雅だなぁ」という感想で終わってしまいますが、少し考えるとこれにはちゃんと理由があります。趣味や遊びを共有するのは気の合う相手でないと無理ですよね。ここですでに、パートナーとして選別されているのです。

また、遊びの場面では、人間の本性やキャラクターが嘘偽りなく出るため、相手が自分と組める人かどうかが一目瞭然になります。相性がよく気の合う相手なら、ビジネスでもうまくやっていける。そういう**見極めがしやすいのが遊びのシーン**なのです。

私はF1を観に行くようなセレブな趣味は持っていませんが、定期的に友だちを集めてテレビゲームのサッカー大会を開催していました。また、フットサルのチームをつくり、メンバーと最低でも月に1回は汗を流します。

ゲーム大会やフットサルチームに参加するメンバーに、特に資格はありません。職業・

年齢・学歴などの区別もまったくなく、私と同じようにサッカーに熱くなれる人間であればOK。集まったら、その場をひたすら楽しむのです。

こうした遊びの場面で出会って意気投合した人とビジネスの話に発展し、パートナーになることもあります。

一緒にいて気持ちよく、**相手が成功することを素直に喜べ、相手に悲しいことがあると一緒になって心配する**関係。こういうものを、本当の意味での人脈と言うのだと思います。

見つけられる人になる3つのステップ

自分のこれまでをふり返って、やりたいことが明確になり、人間関係の整理ができたなら、これからの人生戦略について考えてみましょう。

くり返しますが、私が考える最高に理想的な人間関係とは、長所や弱点を含むすべてをさらけ出しても、それを受け入れてつきあえる関係です。それは、お互いが共通のビジョンを持っていて、ともにワクワクできるから築ける関係であり、その**ビジョンの達成に向かって遠慮なく高め合える関係**でもあります。

あなたが、これからの人生でよりパワーアップしていくために、こういった「最高の人」と出会う方法はあるのでしょうか。

ひと言で言えば、第3章でもお伝えしたように、あなたが「見つけられる人」になること。

それにはまず、自分を磨くことが先決です。そして、行動した結果を発信すること。

私が「見つけられる人」になったステップを3段階に分けて解説しましょう。

①多くをインプットする

魅力的な人というのは例外なく、話の内容が面白いもの。それはトークにも、ブログやメルマガの文章にも表れます。

では、その面白さがどこから生まれるかというと、日々のインプットの量なのです。

ただし、これは、読書量や勉強量ではありません。本やネットからは得られない**実際の経験こそが、インプットする際の重要な要素**です。

たとえば日常のワンシーン。街をぶらぶらと歩くときにも、「何か面白いことはないか」と能動的に探しながら歩いてみましょう。

iPhoneのデータがぶっ飛んだ事件も、私にとってはある種のインプット要素でした。その出来事をきっかけに大きな気づきがあって、考え方にも影響を及ぼしましたから。

本をたくさん読んだり、セミナーや講演会に行くのも、もちろんインプットなのですが、それ以上に大事なのが日常生活でいろんな体験を積むこと。ただ単に人の話を聞いたり、学んだりするだけでは不十分なのです。あなたがそこで**感じたことを生活に取り入れたり、学んだことを実践したりすること**――これこそが真のインプットです。

なぜなら、あなたが体験したことは、あなただけのオリジナルな情報だから。

積極的にいろんな体験を積み、インプットした出来事で自分をいっぱいにしましょう。

毎日ボーッと暮らしている場合ではありません。

②目に見えるダイナミックな行動に移す

興味を持たれる人間は、他人とは違う面白い活動を展開しているものです。

あなたがやると決めたことを、できるだけダイナミックな形で行動に移してみましょう。

前例がなく、**あなただけのスタイル**で動ければなおいいです。

もしカメラが趣味なら、自分が撮りたいものを追求して、他の誰もやっていないような写真を撮ってみましょう。私の友人で、ヨーロッパの国を回って家の壁だけを撮ってきた人がいます。また、ダイビングを覚えて、海や川の魚や生物を撮ることを生きがいにしている写真家もいます。

もしビジネスをやりたいのなら、まだ誰もやったことのない市場をつくってみるのが面白いかもしれません。たとえば、独自のサービスを考案しインターネットでセミナーを開催してみるとか、スマートフォン広告から一戸建ての家を売ってみるとか……。

これらは、あくまでもアイデアの一例に過ぎません。

今、**多くの人は我慢をして生きている**、と私は感じています。

失敗したら怖い、こんなことをやったら嫌われる、批判されるんじゃないかと、尻込みをして行動を起こせない人が、なんと多いことでしょう……。

人生なんて、やったもの勝ち。あなたが自分の素を出して、自分のやり方で行動したときに、それを批判するような人間は、相手にする必要がありません。

そもそも、万人に愛されるなんてことは無理なのです。他人から中傷や非難を受けたときは、前述の私の入社面接のときのように、将来的につきあう必要のない人間がわかってよかった、と思いましょう。

あなたが行動を起こすと、必要のない人間が判明すると同時に、自分に必要な人や応援してくれる人を見つけることができます。あなたを面白がって興味を持ってくれる人、あなたのビジョンや生き方に共感してくれる人と関係が結べるようになるのです。これらの人々はあなたにとって大きな財産であり、将来的にも貴重な人間関係をつくれるかもしれない人々です。

だから、**嫌われることを恐れて何もしないのは、本当にもったいない**ことなのです。

③魅力的なアウトプットをする

インターネットとＩＴ技術の発達のおかげで、今ほど個人が情報発信しやすい時代はありません。Facebook、ブログ、ツイッター、メルマガ。さまざまな媒体があるのですから、もしこれらをやっているなら使わない手はありません。

自分の考えや活動は、どんどん外へ出していったほうがいい。ひとりで続けている限り、それはマスターベーションにしかなり得ません。独りよがりの活動からは、何の人間関係も生まれないのです。

あなたが本当に**大切な人間関係を築きたいのなら、必ずアウトプット**をしてください。あなたの持っている知識も能力も、発信しなければ誰の目にも留まりません。理解しあえる仲間もチャンスも訪れないのです。

そして、アウトプットをする際にも、行動するときと同じように他とは違う魅力のあるやり方をしましょう。でないと、**情報過多に陥っている現代のメディアユーザーたちに目に留めてもらえない**からです。

それは、ほんの少しの工夫だけでよいのです。

たとえばあなたが、美味しいものを食べるのが好きなら、訪れたレストランのレビューを書いてみる。食事内容や店の雰囲気だけでなく、お店の人と話して食材の産地やおすすめの曜日、時間帯なども教えてもらい、併せて掲載します。あなたが次にそのお店に行くときにも便利ですし、話すことによってお店の人と親しくなれるメリットもありますね。

さらに、生ビール1杯の値段や禁煙喫煙席の有無、お客さんの層といったデータ的な補足情報を入れると、読み手にとっては便利なネット情報になります。

また、食材ジャンルを絞っていくのもアリです。あなたが牡蠣《かき》が好きなら、牡蠣の美味しいお店だけを集中して掲載し、「牡蠣の店を探すならあのブログで」と思われるところまで続ければ、他とは差別化されたあなただけのポジションを確立できます。

その他大勢にならないアウトプットをするためには、大量のインプットが必要ですし、目に見えるいろいろな行動が必要になります。インプットしたものをそのままアウトプットするのではなく、「自分」というフィルターを通すこと。ここに**「あなたらしさ」というオリジナリティが生まれる**のです。

信じることをやめないで

2013年の3月に公開された『ジャーニー／ドント・ストップ・ビリーヴィン』という映画を知っていますか？　これは、自分の情報をアウトプットしていたおかげで、信じられないような夢と成功を掴んだ男の実話を追ったドキュメンタリー作品です。

フィリピンに住むアーネル・ピネダというまったく無名の男が、1970年代から活躍するアメリカの世界的ロックバンド・ジャーニーのリードヴォーカルに採用される、という信じ難いミラクルを描いています。

きっかけは、YouTubeでジャーニーの曲を歌う彼の映像を、メンバーが偶然見つけたこと。その歌声にほれ込んだメンバーが、空席となっていたリードヴォーカルにならないかとオファーを出したのです。アーネルは渡米してオーディションを受け、正式に新ヴォーカリストとして迎えられました。

まさにインターネット時代ならではの物語ですね。無職でホームレスまで経験した40歳の男性が、一夜にして世界的ロックバンドのリードヴォーカルになる。そんなことが現実に起きる時代に私たちは生きています。私は世代的にジャーニーのファンではなかったのですが、この映画には強烈なインパクトを受けました。

この逸話は極端な例ですが、ネットを通じて「見つけられた」という小さな成功談や出会いは日本中、いや世界のあちこちで現実に起こっています。

だからこそ、自分を発信する価値があるのです。たった今から**怖がらずに自分をさらけ出して**、どんどん面白いことを発信していきましょう。

インプット→行動→アウトプット。この3つを続けていき、魅力を高めていけば、必ずどこかで自分よりステージが上の人の目に留まります。

格上の存在に「見つけられる人」になる。

これは快感です。

相手は、**あなたの魅力を認めたからこそ声をかけてくれた**のですから。――そこから何かが起きそうでドキドキしませんか。

徹底的な自己開示に人は注目する

日本人はシャイで奥ゆかしい人間が多く、自分はこうだと表明することが苦手です。その代わり人間関係の和を尊重し、なるべく波風を立てないよう集団のルールを遵守《じゅんしゅ》する訓練が行なわれて国民性として定着してきました。

ゆえに、日本人は先に紹介したピネダのような自己主張をするのが苦手な人が多いように感じます。

経済成長が右肩上がりで、会社の業績も黙っていても伸びていく時代はそれでよかったかもしれません。会社に融《と》け込んで組織の論理に従っていれば、安定が保証されたのですから。

けれど、日本経済が停滞し会社そのものの方向性がよくないときに、集団に付和雷同《ふわらいどう》してついていくことは、そのまま会社と一緒に死へ向かうようなものです。バブル後に各企業で敢行されたリストラは、まさにその状況を端的にあらわす社会現象でした。

会社の威光が弱まり、企業はいざというときに社員一人ひとりを守ることができないことが判明した今、以前とは違い、**はっきりと意見を言いリーダーシップをとれる人材**が求められています。

それは、見方を変えれば、**個人が輝くことのできる時代**です。

「論理的なだけではなく共感を得ることができる」能力。「議論するよりはストーリーとして語ることのできる」能力。「機能だけではなくデザインや感性でファンを獲得する」能力……。

こういった力を持っている人が、組織の中でも価値のあるポストを任されます。また、仮に会社がなくなっても自分で道を拓《ひら》いていけるのです。

ですから、今までのように本音と建前の二段構えのコミュニケーションをすることは、まったく時代にそぐいません。

会社員でいることが幸せだったかつての時代は、本音と建前をうまく使い分ける人が有能とされていました。

しかし今は、建前を言わず、本音で**真っ向から人と対峙《たいじ》して勝負できる人が評価される**時代になりました。今、人気があって支持されている政治家やタレントも、そういうタイプの方が多いですよね。誰もがやりたくてできないことをやってくれるので、見ていて気持ちがいいのでしょう。裏と表がなく、わかりやすくていい時代だと思います。

インターネットの発達により、さまざまな情報が開示され、誰でも簡単に手に入れられる時代になりました。こうなると、きれいごとや建前の嘘はすぐに見破られます。

結果、自分のことを素直に表明する人ほど高評価を得るのです。

これは、先ほどお伝えした「3ステップ」の中の「魅力的なアウトプット」をする際にぜひ心に留めておいてほしいことです。

慣れていないと、最初は勇気がいるかもしれません。でもそれは、あなたが**「素の自分」でいるだけのこと**なのです。思い切って自己開示をしてみると、想像以上に爽やかな気分で生きることができるはずです。

極論で生きてみよう

自分の意見をはっきり言うと、あなたの味方と、そうでない人がはっきりわかります。自分の信念や好き嫌いをいつも言い続けていると、違う価値観の人は寄ってこなくなるからです。

ものごとを曖昧にして、はっきり言うことを避ける人が多くいますが、それは決断を先延ばしにする心理と一緒です。一つひとつのことに白黒をつける癖をつけないと、あなたの思考も進路もそこで停滞してしまいます。

人生の中で、**曖昧なものは極力排除**したほうが絶対にいい。迷っていても、直感で言い切ってしまう覚悟でちょうどよいくらいです。

「私、肉が好きなんです」と言いたいのなら、「私は肉しか食べません」くらいに断言したほうがわかりやすいし、キャラがたつというもの。言い切ってしまえばそこから話も広がるし、あなた自身に興味を持ってくれる人も増えるでしょう。

情報発信をするときも、他人と意見を交換するときも「ちょっと言いすぎかな?」と思うくらいの極論にして伝えたほうがいいのです。大勢の中で、あなたの存在を際立たせることができれば、賛同や応援をしてくれる人も多くなります。

サッカー日本代表の本田圭佑選手は、「俺の最終目標はレアルマドリードの10番」とずっと言い続けています。彼のことをビッグマウスと片づけるのは簡単ですが、常に自分を高め挑戦を続ける姿勢は、言葉に嘘がないことを証明しています。自己中心的という印象とは逆に、チーム全体への視点も忘れない、とても知能的なプレーヤーだと思います。

また、**やりたいことや、やるべきことはとにかく早く行動**に移しましょう。目指すところは有言実行。周囲に「やる」と宣言して、できなかったらどうしよう、恥をかくかも、迷惑をかけるかも……と考えるからできなくなる。できなかったときはできないと認めて、迷惑をかけた人にきちんと謝ればよいのです。何も表明せず、動きもしない傍観者よりも真っ先に行動した人のほうが確実に評価されます。

だから、やりたいことも意見もすべて正直にあらわすこと。こうすると言い繕いや嘘が一切なくなるので、とても楽になります。

そして、何かを断るときは率直に本音を伝える。意味のないつきあいは、「興味がないので行きません」とはっきり伝えればいいのです。周りには、そういうキャラの人だと思われるので、その後の人間関係がメタボにならなくて済むというメリットもあります。

「言い切る」ことも、最初はちょっとドキドキするかもしれません。

でも、突きつめていくと、人生とは常に二者択一の連続です。ふたつある道のどちらかを選ばなくてはならない場面ばかりです。そこで迷うことに時間をかけてもかけなくても、結局はどちらかを選んで進むだけ。意見を言うときも、曖昧な答えで一時的に断言を避けたとしても、伝えなければならないことに変わりがないなら同じことです。

あなたがつきあう人も、あなたの行動も、選択したら思い切って言い切ってみましょう。そのうち、はっきり言うことに慣れてくるはずです。

社交的でないとうまくいかないなんてことはない

自分の気持ちをはっきり口に出すなんてとても無理。そもそも自分は口下手で内向的な性格だから、人づきあいや人間関係が苦手で損をしていると言う方がいます。

しかしこれはまったくあてはまらないと思います。人は、大切な人を見つけるときに、うまいトークや爽やかな弁舌で判断しているわけではないからです。

入社面接やプレゼンテーションなどの舞台では、確かにはっきりとわかりやすく自説を展開できる人のほうが評価されます。しかし、その評価も実際の仕事ぶりと直結しているわけではありません。

私は以前、インターネットを通じて事業パートナーを募集したことがありました。そのとき、一流企業での華麗な経歴と巧みな弁舌で「できる男」感をムンムンと出している方を採用しました。ところが彼は、ちっとも行動を起こさないまま結局フェードアウトして連絡を寄こさなくなりました。

一方、第一印象は冴えなかったのに、いざ事業を始めてみると「意外とやるじゃん、こいつ！」という人間も少なからずいました。

友人関係や男女関係にも、こうした例はいくらでもありますよね。最初は嫌なヤツだなとか、地味なヤツだなと思っても、**誠意や本質が備わっていてお互いに共鳴する人とは、いずれ必ず認め合えるもの。**

だから、あなたが口下手で、ファーストインプレッションで損をしていたとしても大丈夫。無理に虚勢《きょせい》を張ったり、自分を大きく見せたりする必要はありません。飾り立てず、自分を正直に素直に表現することだけに気をつけてください。

停滞しているときに動ける人になれ

この20年ほど、マスコミが流すニュースや情報は、閉塞感のあることばかりでした。日本経済がヤバい、国債の発行残高が膨らんでいる、国内消費が伸びない、給与が上がらない。不振にあえぐ大手企業……。

報道の表層を覆っていたこの雰囲気にまともに呑まれてしまい、欲求を抑え込み、何かと我慢をして、「行動したい」という思いを殺してしまっている人が多いと思います。

しかし人がみんな持っている「もっとよくなりたい、ワクワクして生きたい」という本来のエネルギーは、心の内部でぐるぐると渦を巻いているはずです。

2013年になり、政権与党が代わったことで、日本経済も上向きの兆しが出てきたとの見方があります。そんな今だからこそ、これまでの閉塞していた状況を自ら変え、**やりたいことを実現させる気概**を持ちましょう。見方を変えれば、周りが動かないということは、あなたが動くと簡単に自分の「旗」を立て、目立つことができる状況だということです。

目立つこと、それ自体には意味はありません。

しかし、あなたの存在を周りにアピールすると、**共感してくれる有力な同志や仲間が引き寄せられ、濃い人間関係をつくる**ことができます。そうなってはじめて、人との交流が強力なパワーを発揮するのです。

あなたが自分の思いや行動を声高く主張・発信すれば、聞いている人の欲求や感情に火がついて、抑えがたい思いにつき動かされることでしょう。あなたに共鳴した人は自然に後をついてきて、仲間になり同志になります。そうなれば、あなたがリーダーです。

反対に、現状に合わせて保身や守りに徹するだけの人は、輝きを失った人生を歩きます。周りには同じように元気のない人間ばかりが集まるようになるでしょう。

もし、あなた自身が、現状に不平不満を持ち、周りに対して文句を言っているなら、それを自分が行動するためのエネルギーに変えてください。

外部に対して文句を言うのは、周りに「変われ」と言っているのと一緒です。会社も友人も、家族も、周りがあなたのために変わってくれることは、まずありません。

あなたがどんな困った状況にいても、すぐに試すことができて**状況を変えることができる唯一の方法は、自分が変わっていくことのみ**です。

あなたが誰よりも早く行動を起こし、人のためではなく自分が満足することを第一に生活していくことで、周囲の淀《よど》んだ空気に活力を与える一陣の風となることができるのです。

つまらなくなったら、迷わず方向を変えていい

自分が今やりたいことをやる、という価値観で動いていると、人生は短期的なスパンで動いていきます。せいぜい3ヵ月くらい先までの目標しかありません。

私はそれでいいと思っています。「目標を持て」と言われると、みなさんはむしろ遠くて大きすぎる目標を立てがちなのです。

プール付きの豪邸に住むとか、世界中を旅するとか、フェラーリを買うとか、起業して株式上場するとか、慈善事業で社会貢献するとか、壮大なことを言う方がいます。

理想を描くのは悪いことではありませんが、大きな願望は実現するのに時間がかかるもの。目標達成に向け、順番に「あれをやって、これをやって……」と計画を立てると、準

備段階でやりたくもないことから始めなければならず、途中で息切れしてしまいます。

ふと気づくと、「これ、何のためにやっているんだっけ？」と本末転倒になってしまうことも多々あるでしょう。

それよりも、**身近で達成しやすい小さなことであなたの欲求や願望を叶えていったほうが、やっていて楽しい**し、精神的にも満足感があります。


この真理は、仕事でも趣味でも同じです。

たとえば「今習っている楽器を、3ヵ月後には人前でこれだけ弾けるようになっておこう」とか、「仕事のプロジェクトでここまで達成しよう」とか、「なるべく早く仕事を終わらせて、帰宅後にこのコミックスを全巻読破しよう」とか……。

こういう短期間での目標を立てると、今やりたいことに集中するのでモチベーションが続き、苦痛に思ったり途中で投げ出したりすることはほとんどありません。

それが終わったら、次の好きなことに挑めばいい。

こうして積み上げ算のようにやりたいことをやっていくと、いつか自分の知らないところに行きついていています。

明治維新に際して大事な役割を果たし、今でもファンの多い坂本龍馬は、最初から固い信念や完璧な理想を持っていたわけではありません。

はじめは尊王攘夷《そんのうじょうい》のグループに参加しましたが、疑問を感じてそのコミュニティを抜けます。その後、幕臣の勝海舟に弟子入りして知識や見聞を得ると、討幕の2大勢力であった薩摩藩と長州藩の仲を取り持ち、大政奉還という無血革命の実現に一役買いました。

その後は新政府に入るわけでもなく、「亀山社中」という、今でいう商社のような組織で、ビジネスを通して世界を駆け回ることに想いを馳せたのです。

わずか31歳の若さで散った龍馬ですが、20歳のときの龍馬は、そんな自分の未来を微塵《みじん》も予想していなかったことでしょう。龍馬関連の評伝や小説などを読んでいると、彼は壮大な目標に向かって一つひとつ努力したわけではなく、そのときどきで純粋に自分が信じて熱くなれることにつき動かされ、行動していたように思えてなりません。

彼の人生を見てもわかるように、**大切な人も盟友も師匠も、ステージによって変わりゆくのです。**

自分のやりたいことを追い続ける限り、変節、転向、方針転換はまったく恥ずかしいことではありません。むしろ変わっていくのが人生だと思って、自分を型にはめることなく自由な考え方を持ってください。

自己満足の追求こそすべて

「自己満足」というと、悪い場面で使われることが多い気がします。「そんなことは自己満足に過ぎない」とか、「彼は自己満足に浸っているだけ」とか。

しかし私は、あえて、すべての行動は自己満足のためにやるべきだと思います。それは、周りを無視してワガママを通すとか身勝手に振る舞うということではなく、あなたという自己が本当に満足することが大事だということです。

もちろん、自己流を通してあなたの周囲が迷惑を被るような行為（犯罪をしたり人に迷惑をかけたり）は除いたうえでの自己満足です。

究極のところ、**あなたの人生の仕事は「自分であること」**です。

死ぬ間際に「あれをやっとけばよかった！」とか「まだ満足していない！」という後悔を残していいのでしょうか？

人生は、あなたが考えるよりもシンプルです。複雑にしてしまうのは、周りの人間関係に不必要に気を遣っているからではないですか？

自分が心から満足することだけを追求すれば、あなたの人生は今すぐにでも最高のものになります。

「ずっと行きたかった国に旅行に行く」
「ずっとつくりたかった模型をつくる」
「ずっとやりたかった起業を果たす」
「時間が許す限り好きなネットゲームをやる」

自分の欲求に素直になったほうが、絶対に間違いはありません。

深くつきあう相手も、自己満足の基準で選ぶべきです。**自分と相手の自己満足が合致するところに、真の人間関係が成立する**のですから。

自分が満たされないのに他人を幸福にはできない

自己満足といっても、人によっては身近な人が幸せになることがそうだ、という場合もあります。

「妻が毎日幸せそうに過ごしている」

「子どもが家でケラケラ笑い転げている」

そういう家族の姿をほのぼのと眺めていることで、限りなく満足を感じてしまうというケース。実は、これは私のことなのですが。

自分の大切な人を幸せにするというのは、とても深い自己満足に繋がります。

もちろん、社員やビジネスパートナーが笑顔で幸福というのも、私にはとても大事なこと。仕事のプロジェクトが盛り上がって稼ぐことで会社が潤い、パートナーがキャバクラで楽しんでいる姿を見ると、私は深い自己満足を得られます。

そう考えると、自己満足の追求というのは決して悪いことではないと思いませんか。

ただし、ここで注意したいのは、身近にいる人を幸せにするために自分を犠牲にしよう、という考え方。自分が空腹なのに、食べ物を分け与えられるのは、キリストやブッダ、現代ならマザー・テレサのような聖人だけです。百歩譲って、自分の肉親や家族にならできるという程度でしょう。

最初からそんな崇高な理想を掲げるのではなく、**まずは素直に自分の欲求を満たす**ところから始めましょう。

そう思った私は、まず自分が幸せになることを目標に掲げ、真っ先に、自由な時間をつくることにしたのです。なぜなら時間を捻出しなければ、小さい頃からの夢や、ずっとやりたかったことに、なかなか手をつけられないからです。

時間を得ることとは、第1章で書いたことを実行すれば、誰でもある程度は実現できます。

時間の次には、経済的自由があれば欲求はもっと満たされるでしょう。

だから私は、仮にあなたが「お金をもっと稼ぎたい」という欲求を満たすために動くのでも、ちっともかまわないと思います。なぜなら、時間だけがあっても、食べていくだけでやっとという経済状態では、「子どもの頃からやりたかったこと」なんてふっ飛んでいってしまうからです。

時間と経済の自由を得なければ、大きな夢も、崇高な理想も絵に描いた餅同然です。

自分が満足して生きることで、周りも幸せになる。

幸せそうな周りの人たちを見て、自分もますます幸せを感じる。

そんな「幸せのスパイラル」は、まずは自分を満たさないと始まりません。

「今」と「ここ」がすべてではない

どれだけ文明が進化し、インターネットのバーチャル空間が発達しても、自分という存在は、常に誰かとの関係の中で成り立っています。だとすれば、人と自分らしく関わることが、生きている証だと私は思います。

誰とでもうまくやるだけの人間なら、みんな同じ顔、同じキャラクターでいいことになります。他人があなたを思い出したとき、「そういえばあんなやつ、いたな～」では悲しいと思いませんか。

確かに集団の和を大切にする日本人が結束すると、ワールドカップで優勝したなでしこジャパンのように、ものすごいパワーを発揮します。

しかし一方で、集団の論理やルールを破れず、周りに合わせてしまう習性は個人のポテンシャルを下げるだけでなく、全体の底上げもできません。子どもの社会で、「みんなと違う」ということがイジメを誘引する原因にもなってしまうのは、とても悲しいことです。

あなたの人生は、決して職場だけにあるのではないはず。

どんな立場にいる方も、今いる場所が自分のすべてだとは思わないでください。今の場所では**自分らしくいられないと思ったら、いつでもそこを離れていい**のです。

せっかく与えられた一生ですから、できる限りあなただけのオリジナルな時間を生きましょう。


「価値ある人生とはなんだろう?」という問いに、ある人は、「他人の記憶にどれだけ残ったかだ」と答えています。多くの人は、この言葉に影響を受けて「人の記憶に残るような大きなことをしよう」と、人生に大きなミッションを掲げたりします。

しかし私は、これでは主客転倒だと思います。

実は、**他人の目にどう映るかなんてまったく無視して、自分の満足を追求した人が、結**

果的にはもっとも他人の記憶に残るような人になるのです。

他者の視線を意識することはもうやめて、自分の声に従って生きませんか。


人の世も人間も移ろいゆくもの。

あなたが興味を覚えない人とは、本当になんの共鳴もしないし、関係も生まれません。

あなたの横を通り過ぎる99・9パーセントの人間はそんな人々です。それは別に寂しいことではありません。

本当に濃い人間関係を築ける人だけが、あなたの側にいればいいのです。

その人と一緒に記憶に残るような面白おかしいことをたくさんやってください。

面白くて夢中になれることは、あなたの中に必ずあります。

心からときめく人生を生きよう

本書を読んでいただいて、たくさんの気づきがあったのではないかと思います。

あなたが今まで生きてきた世界には、みんながいつも自分を取り繕って、いい格好だけを見せている、まわりくどい複雑な関係が多すぎると思いませんか。

特に職場やビジネスの場面には多く見られるでしょう。けれど、ときには友だち関係や恋愛関係にすら、このような偽りの自分で臨んでしまう人がいます。そんな状態からは決していい関係が生まれませんし、そもそもあなたを信じてつきあってくれている相手に対しても失礼でしょう。

それは、おそらく小さい頃から大人になる間に、いろいろな失敗経験を重ねているうちに、これ以上傷つかないように身につけてしまった、あなたの自己防御策なのです。

でも、そんなネガティブな意識では、人生で大きな果実を掴むことはできません。

自分に正直になって意見を言ったり、主張したりすると、ときには他人と思い切りぶつかってしまうこともあるでしょう。けれど、**傷つかない人生には、成長もない**のです。

小さな赤ちゃんや子どもの学びが早く、なんでもすぐに吸収できるのは、他人の目を気にするところが一切ないからです。思うままに動き、ときには転んで泣いたとしても、それを恐れずまた立ち上がるから歩けるようになるのです。

「好きなように生きて、発言する」というシンプルな生き方を素直に実践すれば、あなたには大きな喜びが訪れ、無限の可能性が開けると思います。

今日からあなたは、**他人に対して子どものように素直に**なりましょう。

お互いに自分を隠して取り繕った人間関係では、高め合える間柄になりようがありません。何かを我慢してつきあっている状態では、心も体も疲れ果ててしまいます。

気に入らないところは、率直に文句を言い合って、それすらもOKな関係。

欠点を見せても受け入れてもらえて、ときにどちらかが明らかにLOSEな場面でも、許し合って前に進んでいける関係。

こういう人間に囲まれて生きれば、今すぐにあなたは得難い幸福感に包まれ、この先も多くの充実した時間を過ごすことができます。

同じようなことを、たくさんの著者が自己啓発本で書いてきたかもしれません。しかし、素直に生きることを実践するには、明らかに大きな壁が存在していました。

ひとつは、「現状維持で安心という思い込み」。

もうひとつは、「周りの反応＝フィードバックへの恐怖」。

だからあえて私は、本書の冒頭の第1章で不要な人間関係を切るノウハウから書きました。行動に移さなければ、何も変わらないと知っているからです。

迷ったときには、本書の第1章を開いてあなたの行動を1秒で決定してください。そうすることで、あなたも思い込みから解放され、人生で得られるものが変わってくるのです。


あなたのやりたいこと。それを素直にやろう。

あなたが思っていること。それを素直に伝えよう。


本音に素直に従うようになれば、心からときめく人生がやってきます。

今の日本は、それが許されている数少ない成熟した国のひとつだと思います。

やりたいことをやり、自分の意思をきっぱりと伝え、欲求に素直に生きている状態を最初につくること。

そのときどきで、ひたむきにやっていることを媒体を使い声に出して発信すること。

すると、あなたに興味を持ってくれる人が見つかります。

そこから、かけがえのない親友や、夢を共有する仲間、ビジネスの協力者、異性のパートナーがきっと生まれるのです。

日々ワクワクしながら、やりたいことを続ける人生。それに共鳴して、自然と人が集ってくる。

これこそが、「これからの人づきあい」です。

あとがき

私のデビュー作『クビでも年収1億円』の発売から3ヵ月後のある日、私のメールBOXに見慣れないタイトルのメールが届いているのを見つけました。

それは「執筆の依頼」というメール。

インターネットの世界を主戦場としたビジネスを行なっているので、毎日たくさんのメールが私のもとに届きます。しかし、このようなメールを受け取ったのはこれが初めてでした。

作家の先生からすれば、このようなメールが届くことは日常茶飯事なのかもしれません。ただ、私は作家ではなくビジネスマンです。ですので、そもそもこのような形で「執筆」が「依頼」されることとすら知りませんでした。

このメールを私に送ってくださったのが、本書を発行していただいた幻冬舎の藤原将子さん。彼女は『クビでも年収1億円』を書店でたまたま手にし、そこから私に興味を持ってくれました。

さて、ここでちょっと考えてみてください。

実は私は『クビでも年収1億円』のプロモーションには尋常ではない情熱を注ぎました。オンライン、オフライン問わず、できることはすべてやったと思っています。それこそ、本業の売上がそれまでの3分の1くらいに落ち込むほど入れ込んでいました。

そして、このダイナミックな活動を通して藤原さんが私を「見つけて」くれ、結果として私の2作目である本書を世に放つことができたのです。

何かのラッキーで書籍を出版できたとしても、2冊目を出すのは出版不況の昨今においてはなかなか難しいことだと言われています。しかし、現実にこうやって私の2冊目の書籍が完成し、あなたの手に渡っているわけです。


今、私がこうしてあなたに語りかけることができているのは、本書の内容を私自身がしっかりと実践していたからではないでしょうか。

あのとき私が自分の主張を世に発信すべくダイナミックに行動していなければ、藤原さんに「見つけて」もらうこともなく、あなたに本書を「見つけて」もらうこともなかったのです。

くり返し述べてきましたが、これまでの「人づきあい」に関する書籍は「うまくやっていくこと」や「好かれること」にフォーカスしたものばかりです。しかし、これは表面を取り繕うだけであり、本質的な部分でいい人づきあいができているとは思えません。それどころかストレスがたまります。

これは「究極の凝り性」である私がそういった類の書籍を読み漁り、実践した結果なので間違いないと断言できます。

本当の「人づきあい」というものはもっとシンプルなのです。

編集者が「執筆の依頼」のメールを送信したときも「この人の本をつくるのはワクワクする」というところがスタートでしょうし、私が2作目の執筆に取り組んだのもそのメールをいただいてワクワクしたからです。それ以上でも以下でもありません。

結論として、「人づきあい」にはテクニックは必要ないと言えます。

そもそも、ほとんどの人が周囲を気にしすぎています。もっと自由であっていいと思いますし、もっとダイナミックであっていいのです。

いかにも自己啓発書みたいなメッセージになって恐縮なのですが、自分の人生は自分のものであり、自分以外の誰のものでもありません。

自分のやりたいことを押し殺してまで周囲に合わせてうまくやったとしても、それを続けた先に待っているのは間違いなく「後悔」です。

オーストラリアに、長年緩和ケアに携わっているブロニー・ウェアさんという方がいらっしゃいます。彼女は仕事柄、多くの方の人生の最期を見届けていますが、彼女によると、患者は死の間際にはもっとも人生を深く考え、多くの「後悔」を語るそうです。その中でももっとも多い後悔は「自分自身に忠実に生きれば良かった」というもの。「他人に望まれるように」ではなく、「自分らしく生きれば良かった」という後悔です。

これは、本書の執筆中にネットサーフィンをしていて見つけた記事に書かれていたのですが、何か私の主張とリンクするものを感じました。

その後、彼女の経験は本にまとめられ、日本でも『死ぬ瞬間の5つの後悔』（新潮社）というタイトルで出版されています。

多くの方がそうであるように、私も死ぬ間際の後悔はしたくありません。そのためには、やはり他人を気にしてうまくやっていくのではなく、自分のやりたいことに素直に行動していくことが良いのです。そして、その結果、共通の目的に対して「ワクワク」できる仲間が集まったら最高の人生だとは思いませんか？

これまでの人生を真面目に生きてこられた方には、本書の内容は「滅茶苦茶だ！」と感じられるかもしれません。もちろん、批判もあるでしょう。

しかしこれは私が「極論」で「ダイナミック」に考えた結果、でき上がった本なのでしかたがないと思います。「極論で語る」とはこういうことです。

もし、あなたがこの「滅茶苦茶だ！」と言われるような本書を読んで、これに共鳴したとしたら是非行動に移してみてください。今までの「人づきあい」に関する本と違って、本書がいかにパワーのあるものなのか体感できると思います。そして、あなたの人生は間違いなく変わります。

長くなりましたが、最後までお読みいただき、誠にありがとうございました。本書が、あなたが最高の人生を送るための一助になることを心から願っております。

〈著者略歴〉

小玉歩（こだま・あゆむ）

1981年、秋田県生まれ。2003年、新潟大学卒業後、キヤノンマーケティングジャパン株式会社入社。就職後、趣味でやっていたバンド活動のストリートライブが音楽業界関係者の目に留まり、09年、サラリーマンのままメジャーデビュー。同時期に社内では優秀社員として表彰され、花形部署であるマーケティング部に異動、デジタルカメラの国内マーケティングを担当する。しかし11年、インターネットを使った副業の収入が1億円を超えたことが会社にバレ、解雇される。現在、Frontline Marketing Japan 株式会社代表取締役。同社ではデジタルコンテンツ販売をはじめ、お酒の通販、美容皮膚科のコンサルティング、美容室の集客支援、日本一のスイーツ口コミサイト「@スイーツ」の運営など、インターネットを活用したビジネスを多岐に展開。これまでの経歴とビジネス哲学を説いた『クビでも年収1億円』（角川フォレスタ）は、デビュー作にして10万部を突破した。
HP　http://kodamaayumu.com

装幀　櫻井浩（⑥Design）
写真　谷口巧
構成　木村保
DTP　美創

3年で7億稼いだ僕が
メールを返信しない理由
自由とお金を引き寄せるこれからの人づきあい

2013年6月10日　第1刷発行
2013年7月25日　第3刷発行

著　者　小玉 歩
発行人　見城 徹
編集人　福島広司

GENTOSHA

発行所　株式会社 幻冬舎
〒151-0051　東京都渋谷区千駄ヶ谷4-9-7
電話　03(5411)6211(編集)
03(5411)6222(営業)
振替00120-8-767643
印刷・製本所：株式会社 光邦

検印廃止

ISBN978-4-344-02404-5　C0095
幻冬舎ホームページアドレス　http://www.gentosha.co.jp/

この本に関するご意見・ご感想をメールでお寄せいただく場合は、
comment@gentosha.co.jpまで。